Hanada新書 005

許されざる者たち

島田洋一
Shimada Yoichi

飛鳥新社

まえがき

図らずも衆議院議員として活動することになった。三十代半ばにして突如レギュラーで試合に出ることになったプロ野球選手の気分である。活躍の機会を与えられたのは有難いが、「現役」を続けられる期間はそう長くない。

一切の綺麗ごと抜きに「日本を豊かに、強く」することを目指す日本保守党の一員として短期決戦、全力で駆け抜ける所存である。

日本は勤勉で思いやり深い文化を培《つちか》ってきた。国土面積は世界六十一位と中規模だが、領海から排他的経済水域（ＥＥＺ）まで入れれば世界六位の広さを持つアジア太平洋の大国である。潜在経済力も無限に近い。

しかし特に近年、「欧米の失敗を周回遅れで猿真似する」自称エリートたちによって、日本は様々な面で自縄自縛《じじょうじばく》に陥《おちい》っている。国を衰退させつつ、自分たちのみ利権を得る、ややきつい言い方をすれば、「二十四時間国を売る、許されざる者たち」が大手《おおで》を振って歩いている。あるいは裏舞台で日々小策《しょうさく》を弄《ろう》している。

本書では、日本を正道に戻し、その潜在力を解放するため、呆《あき》れ、怒りを覚えざるを得ない実態を実名入りで明らかにし、厳しく批判した。あわせて具体的な処方箋《しょほうせん》も提示したつもりである。

振り返って日本政治の精華《せいか》といえるのは故安倍晋三首相だった。凶弾に斃《たお》れることがなければ、ポスト岸田は、「歩く末期症状」石破政権ではなく、間違いなく第三次安倍政権だったろう。アメリカで荒馬のごとき好戦的保守派のトランプ氏が大統領に復帰するなか、他の選択はあり得ない。

もちろん民主制（＝多数決原理）のもとでは、様々な妥協を強《し》いられ、全体のバランスのなかで政策を進めざるを得ない。その点、安倍政治も完璧ではあり得なかった。やり残された課題も多い。河野太郎外相・防衛相、岩屋毅《いわやたけし》防衛相といった理解に苦しむ人事もあった。

安倍氏が第三次政権でどのように「加筆修正」と総決算を図ったか、大いに知的感興《かんきょう》をそそられるが、残念ながらいまや目にすることは叶わない。しかし日本が「世界のカモ」にされる現状を座視するわけにはいかない。

日本保守党は安倍首相の遺志を最も真っ当な形で継ぎ、未完の絵を完成させ、発展させることを使命と捉《とら》えている。私など一個の捨て石に過ぎないが、天上の安倍氏の論評に耐えるだけの仕事はしたいと思っている。

エネルギー、核抑止、移民、LGBT、歴史戦、学術会議など本書で取り上げたテーマは多岐《たき》にわたっている。いずれも独自の視点から掘り下げたつもりである。

さて、「まえがきが長い本は読む気が失《う》せる」という至言がある。この辺でイントロダクションは切り上げて、あとは本文に譲りたいと思う。

登場人物の敬称は一部略した（著者）

許されざる者たち◉目次

第二章　政策を動かしうる危険人物

第三章　日本叩きの武器

第六章　移民無法地帯

第一章　国会に巣食う者たち

エリート主導の「日本漂流」

私が衆議院議員として所属する日本保守党（正式発足前の通称は百田新党）は、左翼活動家に迎合した「LGBT利権法案」に、保守を掲げる自民党までが賛成し、積極的に成立に動いた国会の惨状に対する怒りから誕生した。

安倍晋三首相が存命なら、この種の法の成立はあり得なかった。現に安倍氏は二〇二一年、ほぼ同じ内容の法案を、自民党内の手続きの段階で潰《つぶ》している。左翼と組んでゴリ押しを図った稲田朋美議員が、「反対の中心に安倍先生がおられました」と悔しげに述懐した通りである。

しばらくして、「また一から議論しなければいけない状態にしたから大丈夫」との言葉を、私は安倍氏から直接聞いた。

日本では歴史的に、キリスト教国やイスラム教国におけるような同性愛者への差別や弾圧はない、必要のない法律を作るとそこに良からぬ利権が生まれるというのが、安倍氏が抑え込みに動いた主たる理由だった。

その安倍氏もいまは亡《な》い。二〇二三年六月のLGBT利権法成立は、安倍なき自民党の堕落を象徴する出来事だった。当時私は、この法案を批判する論陣を張り、割と目立った存在だった。それがゆえに、戦いの場に安倍氏がいないことが、いかに決定的不利につながるかを痛感した。

自民党の溶解に最も責任が大きかったのは、言うまでもなく「アメリカの圧力」に迎合した岸田文雄首相（当時）である。しかし、国会議員のほとんど誰も認識していなかったが、当のアメリカ本国では、民主党が提出した同種の法案（名称は平等法）は共和党の一致した反対で成立していなかった。

今後も議会の勢力図から見て、成立の見込みはない。特に上院は、独自の院内ルールにより、六十人（定員の五分の三）以上が同意しないと、審議を打ち切って採決に入れない。二〇二四年の選挙で共和党が多数を奪還し、議事運営の主導権を得たなかでは、審議すらされないだろう。下院も共和党が多数を占めたから一切動かない。

「先進国で日本だけが遅れている」とばかり、永田町で派手に圧力行使に出たエマニュエル駐日米国大使の動きは、あくまで「米民主党の圧力」であって「アメリカの圧力」ではなかった。

もし当時、すでに私が議員でいたら、こうしたファクトを国会の場で明確に発信していた。実際は影に過ぎない「アメリカはじめ先進国」に必死にすり寄る国会の惨状に、多少なりとも楔《くさび》を打ち込めたはずである。私が無謀にも衆院選への出馬を決めた理由の一つがそれであった。

日本保守党発足の契機となった重要テーマなので、LGBT利権法の問題点を改めて整理しておこう。三つに集約される。

①差別の定義が曖昧《あいまい》で、左翼活動家や反社会的勢力に悪用される。

②トランスジェンダーの権利を女性の権利の上に置くことで、女性の保護を掘り崩す。

③LGBTイデオロギー教育の強化で、まだ性観念の曖昧な児童を危険な形で混乱させる。

米共和党においてはこれに、「信仰の自由への配慮を欠く」が重要ポイントとして加わる。

ともあれ、国会が愚かな法案を通したせいで、付和雷同《ふわらいどう》傾向の強い最高裁判所の腰が一段と浮き、トランスジェンダーに関する前のめりの判決を次々出すに至った。立法、行政、司法を通じたエリート主導の「日本漂流」と言える。

日本保守党は、一切の綺麗ごと抜きに「日本を豊かに、強く」することを目指し、世界最先端を行く原発、石炭火力発電技術の活用、減税を通じた経済活性化などを掲げている。外交面では、中国共産党政権の崩壊を追求していく。「政界通」から見れば、差し当たって、単なる道化《どうけ》かも知れない。しかし事態はどう転ぶか分からない。

一九八〇年頃に、十年以内のソ連崩壊を達成可能な目標として掲げると、政界では、夢と現実の区別がつかない愚か者と嘲笑《ちょうしょう》された。しかし一九八一年、「勝利によって冷戦を終わらせる」を口癖とした「B級映画俳優」ロナルド・レーガンが米大統領に就任し、様々に圧力を強めた結果、八年数カ月後にベルリンの壁が崩壊した。

レーガンは後年の演説で、次のように語っている。

民主党指導部にはどうしても分からないことをわれわれは当時から理解していた。アメリカが力と決意を取り戻したからといって空が落ちては来ない。アメリカの大統領が真実を語ったからといって空が落ちては来ない。唯一落ちてきたのは、ベルリンの壁だった。

ちなみに当時レーガンを、国際政治を理解しない危険な馬鹿呼ばわりした代表格がジョー・バイデン（当時上院議員）だった。

ひたすら左翼に迎合する政治家

二〇二四年十月一日の石破茂政権誕生を、アメリカは不信と不安の目で捉《とら》えた。

自民党総裁選のさなか石破氏は、「日米地位協定の改定」を抱負の一つに挙げた。地位協定のどの部分を、何を目的に、どう変えるつもりなのか、具体像は明らかでなかったが、沖縄での候補者討論会でその発言が出た経緯に鑑《かんが》みれば、現地左翼マスコミや活動家が煽《あお》る「反基地感情」におもねったと見られても仕方がなかった。

しかし海外に広く軍を展開するアメリカにおいては、在外基地にかかわる法執行は、将兵の安全、安心および軍事機密の保護という二つの面できわめて敏感な問題である。何か事件や事故が起こった場合、米側としては、できる限り、受入国（日米安保においては日本）の法ではなくアメリカの法を適用し、米側主導で処理したい。

ところが石破氏は、次のように発言した。共同通信の記事から引いておく（二〇二四年九月十七日）。

石破茂元幹事長（67）は米軍の法的な特権を認めた日米地位協定について「見直しに着手する」と表明した。「基地は自衛隊と（米軍の）共同管理だ。日本の責任も重くなるが、主権国家としての責任を果たさなければならない」と述べた。……石破氏は二〇〇四年の沖縄国際大（宜野湾市《ぎのわんし》）に米軍ヘリコプターが墜落した事故に触れ「沖縄の警察は（現場に）入れず、機体の残骸《ざんがい》は米軍が回収していった」と説明。「どれほど難しいかは承知しているが、運用の改善だけで事が済むとは思わない」と指摘した。自身の総裁選政策集では地位協定改定に関し「検討を始める」としていた。「検討」から「着手」に踏み込んだ形だ。

記事にある米軍ヘリ墜落事件について敷衍《ふえん》しておこう。石破氏が防衛庁長官だった二〇〇四年八月十三日、沖縄国際大学に米軍ヘリが墜落した。日本側による徹底調査と厳正な法的措置を求める、左翼勢力からの追及に連日晒《さら》され、石破長官は対応に苦慮した。

さまざまな要求のなかに、この種の事故の原因究明や司法処理は米側ではなく日本側が行えるようにすべきであり、その方向で日米地位協定を改定せよとの主張も含まれていた。この経験が、石破氏において一種のトラウマになっていると指摘する声もある。

ただしこのとき石破氏は、事故機が所属する普天間《ふてんま》飛行場の早期閉鎖のためには「辺野《への》古《こ》沖への移設が最も現実的で確実」と基地の移転を推進する考えも同時に示していた。しかし今回は、辺野古移転を急ぐといった主張は同氏の口から聞こえてこなかった。米側が「ひたすら左翼に迎合する玉城《たまき》デニー沖縄県知事とどこが違うのか」と疑心暗鬼に陥《おちい》ったのも当然だろう。

九月二十五日にアメリカのハドソン研究所のウェブサイトに載った署名論文で石破氏は、次のように述べている。

日米の抑止力を強化するため、自衛隊がグアムに駐留できるよう日米安保条約と米軍地位協定を改定することも可能である。もしそうなれば『グアムにおける自衛隊地位協定』は在日米軍の場合と同じになるだろう。さらに、在日米軍基地の共同管理の範囲を広げれば、これまた日本における米軍の負担を減らすことになろう。

自衛隊が、太平洋西部における米軍の戦略拠点グアムに駐留することや、在日米軍基地の共同管理の範囲を拡大することなどは、進め方によっては日米同盟をより緊密化させる積極的意味も持ちうる。

しかし石破氏は、自身の意図について、日本がグアムに基地を設置すれば米側も自衛隊の法的地位を検討する必要が出てくるため「地位協定の改定を当然伴う」との説明を加えている。

これでは、「石破の自衛隊グアム進出提案は、米軍地位協定を、米側の管理範囲を減らし、日本のそれを増やす方向に持っていくための迂回《うかい》作戦」と取られても仕方がないだろう。石破首相が交渉開始にこだわるなら、日米同盟に大きな亀裂を生じさせかねない（幸い彼らしく、すぐに「約束」を反故《ほご》にしたようだが）。

通常、海外に派遣される米軍がそれぞれの国と結ぶ地位協定は、国連軍や国連平和維持活動（ＰＫＯ）のケースをモデルにしている。

米軍ＰＫＯでは、公務中の事件、事故はもちろん、公務を離れた時に兵士が関与した事件、事故についても、派遣国（在外米軍の場合、米国）の法に基づいて派遣国が裁くとなっている。

在日米軍に関する日米地位協定は、数次の改定により、公務外の事件、事故については日本の司法当局が取り扱うこととして、通常より受入国（＝日本）の権利を高めた形になっている。

にもかかわらず石破氏が、さらなる地位協定の改定を唱えるなら、公務中の事件、事故まで日本が管理するという、米側が絶対に受け入れられないと主張してきた要求の蒸し返しと受け取られよう。

日本に譲歩すると、より信頼関係の薄い他の国々との地位協定にも反映されかねないため、米側としては一歩も引かないだろう。それなら在日米軍を引き上げる、となってもおかしくない。

誕生すべきでなかった政権

石破氏が自民党総裁選出馬に当たって発表した基本政策のなかに、「アジア版NATO」の創設があった。他の候補から、集団的自衛権の全面行使が必要となるが憲法との関係はどうなるのか、具体的にどの国が参加するのかと問われた石破氏は、「まさしくそれらの点を、これから議論を詰めたい。中国を最初から排除するということを念頭に置いているわけではない」と答えた。深く考えていないと告白したに等しい。

トランプ政権が「主敵」と位置付ける中国も含むとなれば、仮想敵に対する集団防衛体制でなく、国連型の集団安全保障体制となるが、それが機能しないことは、国連の現状を見れば明らかである。

この点、ハドソン研究所の論文で、石破氏はこう述べている。

今日のウクライナは明日のアジアだ。ロシアを中国に置き換え、ウクライナを台湾に置き換えれば、アジアにNATOのような集団防衛システムがないことは、相互防衛の義務がないため戦争が起こりやすいことを意味する。こうした状況下において、アジア版NATOの創設が、西側同盟国によって中国を抑止する上で緊要《きんよう》である。

中国は、集団防衛の対象たる「外部の敵」と位置付けられている。そして、中国による台湾への侵略を抑止することがアジア版NATOの主目的と明記されている。「中国を最初から排除しない」という先の発言と整合性がないことは明らかだろう。「緊要」(essential)とまで表現する構想の、まさに最も緊要な部分が曖昧というのでは、不信を覚えるなという方が無理である。米側から、非現実的で、検討する価値もないといった厳しい反応が続出したのも当然であった。

かつて民主党政権で鳩山由紀夫首相が唱え、宥和派《ゆうわは》のオバマ政権ですら露骨に不快感を示した「東アジア共同体」構想の焼き直しではないのか、という声も出た。

鳩山プランは、構成国として「日本、中国、韓国、ASEAN、インド、オーストラリア、ニュージーランド」を挙げ、同盟国アメリカを明示的に外していた。

ニュージーランドとアメリカ本土は日本からほぼ等距離であり、地理的な遠近は理由にならない。米側からの強い反発に動揺した鳩山政権は、ほどなく旗を降ろしたが、意味なく大きな不信の種を蒔《ま》く結果となった。

石破首相も、日米関係の運営において出だしから躓《つまず》いた。そもそも誕生すべきでない政権であった。

増税を異様なまでに偏愛する野党幹部

といって、野田佳彦元首相が代表を務める立憲民主党なども到底政権を担《にな》う資格はない。野田氏は、「安保法制の違憲部分」を廃止すると公約している。

安倍首相が主導し、何とか野党の抵抗を排して通した安保法制は、「日本防衛のために活動している米軍が攻撃を受けた場合の救援」は憲法上可能と、集団的自衛権の部分的発動を認めた点に最大のポイントがあった。当時野党が憲法違反と騒いだ点である。

しかし安倍首相が抱いた問題意識、切迫感は正しかった。アメリカがオバマ政権だった時代にこれを成立させておかなかったなら、同盟国の責任分担を強く求める次のトランプ時代を乗り切れたかどうか分からない。実際、トランプ政権誕生間もない二〇一七年の朝鮮半島危機の際、海上自衛隊の護衛艦が米補給艦を防護するなど目に見える貢献を行った。

野田氏は、この「米艦・米機防護」を、憲法違反として取り消すつもりらしい。トランプが大統領に返り咲いたいま、日本を守るために活動している米軍が襲われた際に座視するなら、米側は、日米安保条約破棄という究極のカードすら切ってくるだろう。自国兵士の命が懸かった問題だけに、超党派の動きになってもおかしくない。野田氏の公約は、信じがたいほど無責任である。

財政面でも野田立民党は論外である。石破政権も岸田政権同様、財務省が「省是」とする増税・緊縮路線に抵抗できる見識も力もないが、立民党はさらに話にならない。

代表の野田氏は、財務省に完全に洗脳され、「増税を唱える政治家こそが勇気ある政治家」と思い込まされた「増税命」の男であり、幹事長の小川淳也《じゅんや》氏も「消費税率二五％」を叫んできた、増税を異様なまでに偏愛する人物である。

拉致《らち》問題についても、安倍首相なき日本の政界には不安しかない。

とりわけ石破茂首相、岩屋毅《いわやたけし》外相、中谷元《なかたにげん》防衛相と、北朝鮮に寄り添う日朝議連幹部が並ぶ二〇二四年十月以来の政権には強い危惧《きぐ》を覚える。三人とも自虐史観に染まった自称リベラル（私の言葉ではうすら左翼）であり、中国や韓国、北朝鮮相手のあり得べき厳しい歴史戦を戦えるはずもない。どこまでも謝罪外交にのめり込みかねない許されざる者たちの危うさがある。政府は、被害者の「即時一括帰国」という日本側の要求を下げることがあってはならない。柔軟性があってよいのは、交渉カードに使う「人道支援」の規模や中身についてのみである。

自民党から共産党まで不見識かつ無責任

エネルギー問題では、自民党から共産党まで、太陽光、風力など不安定な変動電源を偶像視する不見識かつ無責任な姿勢を変えていない。私が属する日本保守党は、再エネ依存は国益に反するとの立場から再エネ賦課金《ふかきん》（再生可能エネルギー発電促進賦課金：実質的に税金であり、しかも七割以上が中国に流れるとされる）の廃止や、日本が持つ高効率でCO_2（二酸化炭素）をほとんど空中に排出しない火力発電技術の有効活用を掲げている。

大容量、高効率かつ経済的な蓄電池の普及が予見しうる将来に期待できないなか、太陽光や風力だけで安価で安定的な電力供給はあり得ない。高効率の火力発電所に加え、原発の再稼働のみならず新増設も進めねばならない。工場で製造して、輸送、設置する、機動力ある「小型モジュール炉」の実用化も進めねばならない。トランプ政権は、小型モジュール炉を将来のエネルギー供給の柱にするとしている。後塵《こうじん》を拝《はい》してはならないだろう。

私が住居を置く福井県の敦賀《つるが》三、四号機に代表されるように、長年原発によるエネルギー確保に貢献してきた地元は一貫して協力姿勢である。少なくとも福井に関する限り、そう断言できる（もちろん安全確保には万全を期さねばならない）。

反対派の批判に怯《おび》えて腰がふらつき、行動マヒに陥っているのは中央の政治家たちであり、私は国会議員としてそこにはっきり風穴を開けていくつもりである。日本が石油の九割以上を輸入する中東の不安定化で、原発の必要性は改めて明らかになった。目をふさぐ無責任は許されない。

しかも再エネ賦課金の廃止や原発の積極利用、最先端火力発電所の建設などで電気代が下がれば、その分家計に余裕が生まれて消費が活発化し、景気が上向く。製造コスト高から来る工場の海外流出にも歯止めが掛かり、逆に日本回帰が起こるだろう。

原発の安全審査を不必要に遅らせる原子力規制委員会の責任も問うていかねばならない（同委に強い権限を持たせ過ぎた政治の責任でもある）。

規制委員長を長く務めた更田豊志《ふけたとよし》氏は、「テロ対策」審査の進行中に、上乗せ要求を出したり、電力会社の非本質的なミスを執拗《しつよう》にあげつらって審査を止めたりを繰り返した。一方、自らのずさんな行状を振り返る謙虚さは見られなかった。

たとえば二〇二一年十月二十七日、規制委は、原発に立ち入る際の身分証（検査官証）十一枚を紛失したと発表した。規定に反して、証明書を携帯せず現場に入っていた例もあったという。テロ対策意識の弛緩《しかん》であり、他人に厳しく自分に甘い体質の露呈という他ない。

原発新増設、リプレース（建て替え）は「地元の理解が得られない」とよく言われるが、福井県に関する限り、明らかな誤りである。

全国原子力発電所所在市町村協議会（全原協）の会長を務めることが多い福井県敦賀市の歴代市長は、「エネルギー自給率を高め国力を維持するには原発が欠かせない」との基本認識のもと、「より安全性を高めた原発の新増設・リプレースの必要性」を訴え続けてきた。問われるのは中央政界の意志である。

脱炭素原理主義と反原発原理主義に迎合する度合いの強い国ほど足腰（エネルギー基盤）

が弱まり、それら原理主義とは一切無縁のロシア、中国、イランといったファシズム国家のほしいままにされる。野党やマスコミ、自民党内の河野太郎一派ら無責任な反原発・脱炭素勢力に引きずられるようなら日本は終わるだろう。そうさせてはならない。

庶民を痛めつける悪政

歪《ゆが》みの大きいガソリン税の構造も正さねばならない。たとえば、税金にさらに消費税を掛けるなど税理論の常識から完全に乖離《かいり》している。トリガー条項の凍結解除も急務である。ガソリン代が下がれば、物流費全般が下がり、経済の活性化につながる。

なお、二〇二四年十月一日から、働き方「改悪」による運転手不足およびガソリン税高止まりによる経費増大を理由に、私の自宅がある福井市近郊のバスは大幅に減便ないし廃線となった。東京や大阪と福井を頻繁に行き来する私の場合など、夕刻福井駅に着いたあと、自宅までタクシーを使う他なく（約五千円）、大幅に出費がかさむことになった。「庶民を痛めつける悪政」という言葉が実感をもって迫ってくる。バス路線の廃止など、都会では理解不能の話だろう。何事もそうだが、特に経済活動の根幹をなすエネルギー問題は綺麗ごと抜きで取り組まねばならない。

移民問題も重要である。国際的な重要課題と言ってよい。ここでも日本が一人綺麗ごとの対応をしていると「世界のカモ」にされる。

短期的な企業利益しか考えない財界首脳の要望に基づき自民党は安易な外国人労働者受け入れ促進路線を取ってきた。偽善的で甘い夢想的人道主義から不法移民の流入にも何ら対策を取らないどころか、事実上後押ししてきた。野党も同様ないしそれ以下である。

かつては「文明」を旗印に先進国が後進国を植民地化したが、現在は、「人権」を旗印に後進国が先進国を植民地化する時代である。この国際政治に関する基本認識があれば、安易な移民流入策は取れないはずである。

幸い日本保守党は国政政党（議員五人以上ないし直近の国政選挙で得票率二％以上）の要件を満たし、活動の幅が広がった（といっても、まだ少数野党のため重要委員会に入れないなどハンデはあるが）。今後、ふやけた利権第一・日本弱体化政治に活《かつ》を入れるべく全力を尽くしたい。

核廃絶パフォーマンス

二〇二四年十月十一日、ノルウェーのノーベル委員会が、「核兵器の使用は道徳的に容認できないという国際規範の確立に多大な貢献をした」として、日本原水爆被害者団体協議会（日本被団協）を二〇二四年のノーベル平和賞受賞者に選んだ。

日本人（あるいは日本の団体）がノーベル平和賞を受けたのは、非核三原則を理由に佐藤栄作元首相が一九七四年に選ばれて以来二度目となる。

なおノーベル委員会は、左派が優勢なノルウェー議会が選ぶ五人の委員から成り、保守派が受賞することはまずない。「冷戦を終結に導いた」功績でゴルバチョフが選ばれながらレーガンが無視された例が典型である。

さて、核に限らず、生物、化学など無差別大量破壊兵器が使われてはならないのは当然だが、授賞理由にある「道徳」や「国際規範」など一顧《いっこ》だにしない悪辣《あくらつ》なファシズム政権に、それらの使用を思いとどまらせる手段として果たして「反核運動」が有効か。肝心のファシズム国家では反核運動など許されない。

被団協は核抑止論を「悪」としてひたすら退ける。一方佐藤首相は、非核三原則を掲げると同時に、アメリカの拡大核抑止力（核の傘）に依存する立場を明確にしていた。

また一九七〇年二月に核兵器不拡散条約（ＮＰＴ）に署名するに当たって佐藤内閣は、「各締約国は、異常な事態が自国の至高の利益を危うくしていると認めるときは条約から脱退する権利を有する」との条約十条の規定に「留意する」とした声明を出し、核の脅威の高まり次第でNPT脱退もあり得るとの認識を示していた。

当時は国会でも、独自核抑止力への道を塞《ふさ》ぐべきではないとの意見が根強くあり、NPTの批准《ひじゅん》は六年以上を要した。

佐藤首相は、中国が初の原爆実験を行った直後、ライシャワー駐日米国大使に対し、「相手が核を持つなら、自分も持つのは常識だ。日本国民には核に対する拒否感が強く、現段階では受け入れの素地《そじ》はないが、特に若い世代には教育の余地がある」と語ってもいる（一九六四年十月）。

しかし以後、日本の国会論議は、三原則中「持ち込ませず」についてはは多少柔軟化したが、「作らず、持たず」については逆に硬直の度を増した。

高市早苗氏は、自身の「コラム」（二〇二二年四月十一日）に「日本は『核兵器国ではない国』として『核兵器不拡散条約』を批准していますから、『持たず』『作らず』を守ることは良いとしても、『持ち込ませず』については、有事の際に例外を認めることを選択肢に加える為の議論を行うべきだと考えています」と綴《つづ》ったうえで、現状を分かりやすくまとめている。要約しつつ引用しておこう。

二〇一〇年、民主党内閣の岡田克也外務大臣が次のように国会答弁した。

「緊急事態ということが発生して、しかし、核の一時的寄港ということを認めないと日本の安全が守れないというような事態がもし発生したとすれば、それはその時の政権が政権の命運をかけて決断をし、国民の皆さんに説明する、そういうことだと思っております」

その後二〇一四年、安倍晋三内閣が、「現政権も（岡田外務大臣の）答弁を引き継いでいる」とする見解を、質問主意書に対する答弁書という形で閣議決定した。

さらに二〇二二年三月七日には、岸田文雄首相が、参議院予算委員会で次のように答弁している。

「核の一時的寄港を認めないと日本の安全が守れない緊急事態が発生したとすれば、ときの政権が命運を懸けて決断し、国民に説明するというかつての岡田外務大臣の答弁を岸田内閣においても引き継いでいる」

すなわち有事に際しては、核を搭載した米軍機、艦船の、日本の港湾や空港の利用、領海・領空の通過を認めるというのが、日本政府の立場としてほぼ確立している（なお米軍は原則として、どの艦船、航空機が核を搭載しているかを明らかにせず、日本側も問い質《ただ》さない）。

アメリカの核の傘に頼りながら「持ち込ませない」という、そもそも偽善的な「原則」は事実上空文化している。当然だろう。「持ち込ませず」に関して「有事の際に例外を認めることを選択肢に加える為の議論を行うべき」という高市氏の主張は、偽善からより明確に脱却するという意味で有意義だが、それ以上のものではない。

問題は残る二つの原則、「作らず、持たず」である。高市氏も「日本は『核兵器国ではない国』として『核兵器不拡散条約』を批准していますから、『持たず』『作らず』を守ることは良いとしても……」と現状の追認に留まっている。私は国会議員として、独自核抑止力の保有を明確に主張していく。二度と日本国民を広島、長崎の惨禍《さんか》に晒《さら》してはならないと思うからである。

現実問題として、中国や北朝鮮が開発を進める極超音速の変則軌道ミサイルは迎撃不可能である。通常型核ミサイルであっても「飽和攻撃」（大量発射）されれば、すべての迎撃は不可能である。

日本も独自の核抑止力を保有してこそ、中露朝などの近隣核保有国と相互核軍縮や「平時において核ミサイルの照準を互いに外す」などの交渉が可能になる。日本国民の安全に責任を持つ政治家であれば、独自核保有を主張しない方がおかしいだろう。綺麗ごとの「核廃絶願望」は現実逃避に過ぎない。

独自の判断基準を持たない首相

トランプ政権の誕生により、ロシア・ウクライナ戦争は停戦に向かい、出口戦略がないまま漫然《まんぜん》と日本を含む各国に対ウクライナ追加支援を求めてきたバイデン政権の悪弊《あくへい》を脱することができよう。

中東の混乱も、トランプ政権が「テロの中央銀行」たるイランの締め付けに戻ることでテロ勢力の活動にブレーキがかかることが期待される。

ここでも日本は、「パレスチナ支援」名目で、ヨルダン川西岸のパレスチナ暫定自治政府（紛争が続くガザには足場を持たない）や、腐敗し、ハマスの支援機関と堕《だ》している「国連パレスチナ難民救済事業機関」（ＵＮＲＷＡ）への追加資金供与を繰り返し求められてきた。

岸田政権は、ウクライナ、パレスチナのいずれについても、独自の判断基準を持たないまま、バイデン政権や国連機関の要求に対し、ほぼ言いなりに追従してきた。

日本政府はこの姿勢を根本的に改めねばならない。ウクライナ支援は北大西洋条約機構（NATO）とりわけ欧州NATO諸国の責任範囲であり、ガザ地区の住民救済や復興支援は何より、テロ組織ハマスを育ててきたイランの責任であり、またイランから大量の原油を買うことでテロ資金の供給役となってきた中国の責任であるとの立場をはっきり打ち出さねばならない。

一方日本は、中国共産党政権の侵略を阻止すべく、台湾周辺の抑止力強化に尽力することで国際社会の平和と安定に寄与する。こうした形で外交政策の優先順位を明確にしないと、財政負担ばかりが増え、すべてが中途半端に終わる。

共和党トランプ政権の誕生は、日本が、国益に資する形で優先順位を策定する好機会と捉えねばならない。

ウクライナ戦争で思考停止

ロシア・ウクライナ戦争については、悪いのが侵略者ロシアであることは論を俟《ま》たない。ロシアの占領下にある東部地域をすべてウクライナが奪還するのが望ましいこと、これまた論を俟たない。

しかし、ロシアは核大国であり、人口（＝潜在兵力）もウクライナの四倍ある。このまま戦闘を続けてもウクライナ勝利の見通しは立たず、若い男性兵士を中心に死傷者が増え続ける。

したがって、占領地を決してロシア領とは認めないが、「戦場の現実に即して」すなわち戦線膠着《こうちゃく》ラインを停戦ラインとし、互いに兵力を引き離すというのがトランプ構想である。

その背後には、より大きな戦略的認識がある。まずウクライナとの戦争が続く限り、ロシアは北朝鮮の兵力その他の協力を必要とし、見返りに小麦や石油などを北に供給する状態が続く。その分、金正恩《キムジョンウン》に余裕が生まれ、食糧支援をカードとする日本との拉致協議に応じる動機が減る。日本外交にとって明らかにマイナスである。

また対ロ制裁に加わらず、ロシア産石油、天然ガスを買い続ける中国との関係をロシアは益々密接化させるだろう。関係強化は軍事面にも及ぶ。日本周辺における海空軍を中心とした中露合同軍事演習にその一端が見られる。

中国の台湾侵攻に合わせ、ロシアが、米軍や自衛隊の戦力を分散させるため北方で陽動作戦を行うといった展開もありうる。

中露の一体化を阻止するという戦略的要請に照らせば、ウクライナ停戦は日米いずれにとっても望ましい。「ウクライナの戦闘継続を支援し続けるのが正しい」で思考停止するのではなく、国際情勢をより複合的に捉えねばならない。ウクライナ停戦に動くトランプ政権の努力を日本は側面支援すべきだろう。

トランプが許さない者たち

中国に関してトランプ政権は、知的財産窃取に対する摘発、制裁を強化し、最先端テクノロジーの分野でサプライチェーン（部材供給網）から外していくことを基本政策としている。制裁を機動的に発動できるよう、中国の最恵国《さいけいこく》待遇を取り消す方針も掲げている。

米議会も超党派で対中圧力を強めており、米企業が開発したソフトや部品を組み込む製品を中国に輸出する第三国も制裁対象にする流れとなっている。日本企業が中国で生産した製品も中国製と見なされ、対米輸入規制の対象になる。日本の政財官界は「中国脱出」を戦略的に進めねばならない。

軍事面では、トランプ政権は、中国が台湾に侵攻すれば米軍が即座に介入すると予《あらかじ》め宣言する「戦略的明確」への転換は行わず、従来の「戦略的曖昧」を維持するとしている。弱いバイデンと違って、「舐《な》めた真似には十倍返し」の評価が定着したトランプの場合、それで十分抑止力になるとの判断である。

一方、中国が台湾を圧迫する軍事演習を強化してきた場合には、日米台の合同軍事演習で対抗するという案も、かねてトランプ陣営から出ている。アジアの大国かつ同盟国の日本に、軍事的により踏み込んだ対応を求めるとの趣旨である。ここで日本が「平和憲法」を盾に二の足を踏めば、トランプ政権から相当なしっぺ返しがあるだろう。「憲法に逃げる」無為《むい》は許されず、法整備も含め、積極関与の方向で準備せねばならない。

北朝鮮についてトランプは、制裁を維持しつつ、「仲良し」演技を通じておとなしくさせておくという方針を基本とするだろう。安倍首相は、それを諒《りょう》としつつ、「支援は日本からしか来ず、そのためには日本と直接交渉し、拉致被害者を全員返さねばならない」旨《むね》を金正恩に打ち込むようトランプに依頼した。トランプは約束通り、シンガポールとハノイの米朝首脳会談で、都合三度、拉致問題を持ち出し、「安倍構想」に応じるよう金正恩に念を押した。

ただ同時に安倍氏は、「あなたは常に強面《こわもて》を維持すべきだ。金正恩を安心させるのはよくない」とトランプにアドバイスしたという。日本の当局者が記憶しておくべき点である。許されざる者たち主導で拉致問題を棚上げして北朝鮮と無原則な妥協をし、制裁を緩めるようなことを決して座視してはならないと再度強調しておきたい。

「トランプ流」が成り立たない日本

本章の最後に、日本の制度的課題について触れておきたい。

二〇二〇年五月十一日の衆院予算委員会。安倍首相を名指しして質問した立憲民主党の枝野幸男代表が、検察庁法の改正（特にそのなかの、検察官の定年延長特例）に関し、言いなりになる官僚を居座らせ、疑惑をもみ消す策謀だと非難した。

国民の皆さん。安倍総理は自民党の総裁で、自民党と公明党が火事場泥棒的な審議の強行をしているんだということをぜひ覚えておいてください。

安手《やすで》のスタンドプレーという他ない。しかも「火事場泥棒」とは穏やかでない。

十倍返しが信条のトランプなら、「火事場泥棒は、惨《みじ》めな負け犬枝野氏の得意技だろう」

くらいの言い返しはしただろう。しかし安倍氏は不快な思いをグッと呑み込み、反撃めいた言葉は口にしなかった。

数カ月前の衆院予算委における苦い経験が安倍氏の頭をよぎったのかも知れない。

同年二月十二日、週刊誌の煽情的《せんじょうてき》記事を材料に時間を空費し、最後に「鯛《たい》は頭から腐る。上層部が腐敗すると残りもすべて腐る。総理が桜（を見る会）とか加計《かけ》とか森友とか疑惑まみれと言われている。官僚がかわいそうだ」と捨て台詞《ぜりふ》を吐いて「質問」を終えた立憲民主党の辻元清美氏に対し、閣僚席の安倍首相が「意味のない質問だよ」とごく常識的な感想をつぶやいた。

普通なら、与党席から幾分の失笑と野党席から幾分のブーイングが起き、相殺《そうさい》されて終わる程度の話である。ところが辻元氏は、ここを先途《せんど》とばかり大げさな演技に走り、「誰が言ったの？　誰が言った！」と大声で騒ぎ立てた。そのため尻を叩かれた格好の野党幹部らが慌てて協議を行い、翌日からの審議拒否を決定した。

結局五日後に安倍首相が、「辻元委員に対し、質疑終了後、不規則な発言をしたことをおわびする。今後、閣僚席からの不規則発言は厳に慎《つつし》むよう、首相として身を処していく」と謝罪を強《し》いられる展開となった。

ここでもトランプなら、「疑惑まみれは、秘書給与を騙し取って逮捕され、北朝鮮や反社的労組と結託する反日左翼、辻元の方だ。恥を知れ」くらいの逆襲はしたはずだ。もちろん謝罪するなどあり得ない。

トランプが民主党支持の主流メディアから常に「暴言」を叩かれながら、かえって熱心な支持者を増やしてきた大きな理由は、まさに進歩派エリートに対する歯に衣《きぬ》着せぬ反撃姿勢であった。素直に溜飲《りゅういん》が下がるのである。

安倍氏が理不尽に攻撃されるのを見つつ、「トランプ的にもっとガツンとやればいいのに」と感じた人は多かったろう。しかし日本では、アメリカと違って「トランプ流」を成り立たせない制度的事情がある。

アメリカでは、すべての法律が「議員立法」である。すなわち法案を提出するのは議員で、政府に法案の提出権はない。議会はあくまで議員同士の論戦の場であり、日本のように首相や各省大臣を議員が追及する形は取らない（実際には政府が作成する法案も多いが、親しい議員の名前で出してもらう）。

大統領は毎年恒例の一般教書演説や国家的重大事件に際しての特別演説を除いて、議場に足を踏み入れない。各省長官も、たまに公聴会で証言するとき以外は議会に赴《おもむ》かない

（大統領については、ニクソン大統領辞任につながったウォーターゲート事件の関連で、後任のフォード大統領が自主的に公聴会に出席した例があるのみ）。

したがって野党側は、大統領の何らかの発言に「反発」して「審議を止める」ことができない。大統領はあくまで行政府の長であって、法案提出者ではないからである。

トランプは大統領在任中、ナンシー・ペロシ下院議長（当時）を「クレージー・ナンシー」、バイデンを「スリーピー（眠たい）ジョー」などと、政敵を侮蔑語《ぶべつご》付きで呼ぶのを常としたが、それで議会の審議が止まることはなかった。

もし日本の首相が同様に「クレージー清美」などと発言したら、即座に野党が「強く反発」し、「撤回、謝罪しない限り、審議に応じられない」と国会を停めるだろう。

与党を支持する経済団体からも、首相が感情に流されて予算や重要法案の成立を遅らせるようでは困るとクレームが来るはずだ。

したがって、日本の首相はトランプのようには、売られた喧嘩を買えない。辻元流の誹《ひ》謗《ぼう》中傷にもストレートに応えるわけにはいかない。

かつて安倍首相が「最もストレスが溜《た》まるのは国会の委員会審議だ。前日から気が重い」と述懐するのを聞いたことがある。

アメリカの大統領職は、国内外の難題が次々降りかかる、およそ気の休まらない、大変な激務だが、「議会審議のストレス」だけからは解放されている。

日本の首相が置かれた、挑発に乗るわけにいかない「弱い立場」を見越して、品のない言葉を投げ付け、揚げ足を取ることしか考えない野党議員たちの態度は実に卑小《ひしょう》かつ醜悪《しゅうあく》である。マスコミも野党と連動して騒ぐのを常とする。国会内外において、有志がしっかり「正常化」ないし「文明化」を促《うなが》していく必要があろう。

第二章　政策を動かしうる危険人物

日本のエネルギー基盤を破壊

第一章で見た通り、日本の政界では、ことさら国を貧しく弱くしようと動く許されざる「うすら左翼」政治家が跋扈《ばっこ》している。与党においてその象徴的存在とも言えるのが河野太郎氏である。

「政治家河野太郎」の最大の問題点は、その頑《かたく》なな脱炭素・反原発イデオロギーによって、日本のエネルギー基盤を破壊し、日本社会を滅亡に追い込みかねないところにある。

彼が野党の議員なら実害はさほど大きくない。ところが、ＬＧＢＴイデオロギーの稲田朋美議員同様、政府与党のなかにいて、政策を動かしうる立場にあることで、非常に危険な存在となっている。

ところで御多分に洩《も》れず、私も河野太郎氏のＸ（旧ツイッター）からブロックされている。エネルギー問題を中心に彼の政治姿勢を批判しつつ、「河野グレタ郎」と呼んだのが理由らしい。

河野氏自身、著書『日本を前に進める』（ＰＨＰ新書）で、「グレタ・トゥーンベリさんの登場等によって気候危機に多くの関心が集まっている」と反炭素活動家グレタさんへの尊崇《そんすう》の念を特記しているので、このニックネームを喜んでも不思議はないと思うのだが。

一般人ならともかく、大臣を歴任し、首相を狙おうかという政治家が、「グレタ郎」程度の揶揄《やゆ》に心乱されブロックするとは狭量《きょうりょう》に過ぎるだろう。私は少なからぬ政治家のXを批判的に引用リポストしているが、河野氏ほど神経過敏な反応を示した例はない。

さて河野氏は前記著書において、外相時代に国際再生可能エネルギー機関（IRENA）総会で行った（二〇一八年一月）という演説を数ページにわたって紹介している。官僚が用意した原稿を全面的に書き直させたと強調している。よほど胸を張りたい内容なのだろう。

確かに彼の認識、基本姿勢がよく分かる。長いので部分的にカットしつつ、引いておく。

今、私たちは新しい時代を迎えています。再生可能エネルギーの時代です。……皆さんは、再生可能エネルギーの導入では世界から大きく遅れている日本の外務大臣が何を言うか、とお思いかも知れません。私も、日本国内の再生可能エネルギーを巡る現在の状況は嘆《なげ》かわしいと思います。再生可能エネルギーの劇的な価格下落や気候変動問題が脱炭素化を不可避にしている世界の趨勢《すうせい》から目を背《そむ》け、変化を恐れて現状維持を優先した結果、日本の再生可能エネルギーの電源割合目標は二〇三〇年で二二～二四％という大変低い数字にとどまっています。……これまでの日本の失敗は、世界の動きを正しく理解せず、短期的なその場しのぎの対応を続けてきた結果です。……かように現在の日本の現状は嘆かわしいものですが、しかし、私は今日、このIRENA総会の場で、今後、日本は新しい思考で再生可能エネルギー外交を展開し、世界の動きを正しく理解し、長期的視野に立った一貫した対応をとっていくことを宣言したいと思います。

脱炭素化運動を「世界の趨勢」と信じ込み、異論を一顧《いっこ》だにせず、「バスに乗り遅れるな」とのめり込む姿勢が顕著である。

イデオロギーと利権

この演説が行われた当時、自由世界の中心をなすアメリカの有権者は、脱炭素原理主義を排する共和党トランプ政権を選んでいたが、それは「趨勢」に入らないらしい。

トランプ政権及び共和党議員の大多数は、「人間活動による地球温暖化」を所与《しょよ》とする民主党および左翼勢力全般の立場は非科学的であるとして退ける。地球の表面温度は、産業化の進展とともに一直線に上がっているわけではなく、逆に下がっている時期もある。宇宙線の強弱や太陽黒点数の変化、地表の七〇%を占める海洋の変化なども当然気温に影響しよう。「人間の産業活動」をしゃにむに「犯人」視する議論は、科学というよりイデオロギーであり、そこには関係科学者や企業の利権も絡《から》んでいる。

脱炭素の強要で米企業の競争力を不必要に弱めるのではなく、テクノロジー開発を通じたエネルギーの効率利用を無理なく進めれば充分というのが、米保守派の立場である（ちなみに国際エネルギー機関〈IEA〉によれば、トランプ時代のアメリカは炭素の排出削減量で世界一位。「トランプは炭素をまき散らした」はファクトではない）。

河野演説が言う「世界の趨勢」は、当時もいまも「左傾インテリ世界の趨勢」に過ぎない。アメリカはじめ、各国で現に展開されている複雑な動きを冷徹に見据《みす》えたものではなかった。

いまやヨーロッパのリベラル方面でも、脱炭素原理主義への傾斜が反省をもって語られ、「電気自動車（EV）への移行」などにも急速にブレーキが掛かっている。二〇二五年初頭からアメリカが再びトランプ政権となることで、そうした見直しの流れはさらに加速しよう。

原子力発電も再評価されてきた。アメリカやイギリスでは、工場で組み立てて運搬設置する「小型モジュール炉」を将来のエネルギー確保の柱にするといった議論も盛んに行われている。トランプ政権もその一つである。

またアメリカでは、河野氏が単純に頬を緩める「再生可能エネルギーの劇的な価格下落」は、ウイグル人の強制労働に起因するとして、バイデン時代に、議会主導で中国製太陽光パネルの全面禁輸を決めた。河野理論は到底、「世界の動きを正しく理解し、長期的視野に立った」ものではない。非常に視野の狭い独善であり、人権感覚も弱く、さらには、自身の親族会社の利権が絡んでいるのではないかという強い疑惑もある。

日本政治が今後も河野路線を基調とするなら（河野氏を「軍師」とした菅義偉政権下で、悪《あ》しき傾向が強まった）、日本は潮が引くなか岸辺に取り残された魚のように、一人干上がることになろう。

大林事件・河野一族・中国共産党

河野氏は先の演説と並行して、外相の諮問《しもん》機関「気候変動に関する有識者会合」を立ち上げている。そのメンバーの一人が、脱炭素・反原発を掲げる自然エネルギー財団の大林ミカ氏だった。

その後、大林氏は、やはり河野氏が行革担当相として主導する内閣府の「再エネ規制総点検タスクフォース（特別部隊）」の委員にも選ばれた。中国の国家電網公司とのあまりに密接な関係が問題となり、二〇二四年三月、辞任に追い込まれたことは記憶に新しい。ちなみに、同タスクフォースを事務方で仕切る内閣府規制改革推進室の山田正人参事官は、極端な脱炭素、反原発姿勢のため、経産省で厄介者扱いされていたという。まさにそのゆえに河野氏の目に留まり、一本釣りされた。

この「大林事件」の処理において、岸田首相（当時）が、事もあろうに河野氏に、タスクフォースの問題点を調査するよう指示したのは論外という他ない。河野氏は調査される側の中心というべき存在であり、しかも「ネトウヨが騒いでるだけだろ」と周囲に嘯《うそぶ》くなど、何ら反省の色を見せていなかった。同氏の一族会社「日本端子」と中国共産党との太陽光利権をめぐる関係は疑惑の核心でもあった。

「再エネ・反原発信仰」に与《くみ》しない人々に対する河野氏の、権力を笠に着た恫喝《どうかつ》も見過ごせない。

以下は二〇二一年八月二十四日に、河野氏が資源エネルギー庁幹部を怒鳴りつける様子の録音記録である。『週刊文春』が入手して公開した（説明語句を加えた文字起こしも同編集部）。議論のテーマは、三年ごとに見直される「エネルギー基本計画」。

エネ庁：いや、（原案の再生可能エネルギー比率は政策的な裏付けを）積み上げて三六～三八％程度……。

河野：積み上げて三六～三八になるんだったら、（「程度」を「以上」に変えても）以上は三六～三八を含む（からいい）じゃないか。日本語わかるやつ出せよ、じゃあ。それから何か知らねえけどさ、日本が再エネ入れるのに不利だ、みてえな記載が（基本計画原案に）いっぱいあっただろ。あれ全部落としたんだろうな。

エネ庁：日本が置かれた自然状況につきましては（略）事実関係を書いたものでございますので……。

河野：じゃあ、北朝鮮のミサイル攻撃に無防備だと原子力（発電所）は。日本は核燃料、使用済み燃料を捨てる場所も狭くてありませんと、（事実を）全部書けよ。使用済み核燃料が危ねえのは、もう自明の理じゃねえか。おめえ、北朝鮮がミサイル撃ってきたらどうすんだい。テロリストの攻撃受けたらどうすんだい、今の原発。

チンピラ顔負けだが、特に最後の部分など「おめえ」が言うかの典型である。

河野氏は防衛相時代、北朝鮮ミサイルから国土（当然原発も含む）を守る地上配備型迎撃システム「イージス・アショア」の設置計画を突然破棄する決定をした。その責任者が北のミサイルの脅威を反原発の理由にするとは、控えめに言っても身勝手だろう。また使用済み核燃料については、青森県六ヶ所村の再処理施設を早く稼働させ、再利用できない部分はガラス固化体にして地下深く埋めれば済む話だ。この再処理施設の廃棄を主張してきたのも河野氏である。

普通の国なら即大臣解任だが

河野防衛相が「アショア」配備を中止したのは、迎撃ミサイル発射後の燃焼済みブースターの空タンク（長さ二メートル弱）が民家に落下する可能性がゼロとは言えないからとの理由だった。しかし、その可能性は限りなくゼロに近いうえ、核弾頭が着弾した場合の破滅的被害とは全く比較にならない。

河野氏は、「アショア」の代替は「イージス艦でやってもらう」と語った。だが、そもそも「アショア」導入案は、イージス艦の常時洋上展開は隊員の疲労などに鑑《かんが》みても困難で、また日本近海を離れた遠洋任務に就《つ》く場合もあるなどの事情から出てきたものである。話をいきなり振り出しに戻す以上、より合理的かつ現実的な説明が必要だろう。

迎撃態勢の整備に真面目に取り組まなかったのみならず、河野氏は、敵基地攻撃能力の保持にも一貫して反対してきた。攻めと守りの両面において、無責任な議論に終始してきたと言える。

二〇二〇年、東北や九州で中国の偵察バルーン（気球）が発見された際も、河野防衛相は「（行方は）気球に聞いてください」と、国民をコケにした応答をして批判を浴びた。気球によって自衛隊が用いる電波情報を収集できれば、敵対国は妨害電波の精度を上げられる。普通の国なら、この発言一つで防衛相解任だろう。

河野氏を総理総裁にと動く自民党議員らはよく、「河野さんは脱原発を封印した。安心していい」と言う。しかし「封印した」とは、権力の座に就いた暁《あかつき》には「封を解く」という意味だろう。

しかも、河野氏は何ら原発つぶしを封印していない。からめ手を用いているだけである。「（プルトニウムを燃料に使う）高速増殖炉『もんじゅ』が廃炉になり、使用済み核燃料を再処理してプルトニウムを取り出す必要がなくなった。（青森県六ヶ所村の）再処理施設は要らなくなったから（運転開始を）やめる」との主張がそれに当たる。

現在、使用済み核燃料は各地の原発内で保管されているが、再処理施設に移送できないとなれば、貯蔵プールはそのうち満杯になる。燃料交換ができなくなれば、原発は運転停止の他ない。再処理施設を潰《つぶ》せば原発全体を潰せる。これが河野氏のみならず反原発派の狙いである。

世論戦を戦う気概が全くない

河野氏の歴史認識も大いに疑問符が付く。

二〇一九年一月十四日、モスクワ。日露外相会談後、内外の記者を集めた公式会見で、ロシアのラブロフ外相は「重要な文書」として国連憲章第百七条を上げ、「第二次大戦の結果を認めるよう書かれている。本日もう一度、詳細に日本側に伝えた。日本側から反論はなかった」と述べた。

これに対し河野外相は、日本人記者のみを集めた「臨時会見」を開いたものの、「ラブロフ外相の発言にいちいちコメントはいたしません」「内容については対外的に公表しないことにしております」と無回答に近い発言に終始した。

前日、ロシア外務省の報道官が「共同記者会見を準備していたのに日本側が逃げた」と揶揄《やゆ》したが、それが実態だったと思わざるを得ない。

国連憲章で「敵国条項」とされるのは第五十三条、七十七条、百七条の三項である。このうち、ラブロフ外相が言及した第百七条は「この憲章のいかなる規定も、第二次大戦中の敵国に対して、責任を有する政府が戦争の結果として執《と》りまたは許可した行動を無効にするものではない」と規定する。ソ連軍による樺太《からふと》・千島列島奪取はこの枠内の行動で、日本も国連に加盟した時点で承認したというのがロシア側の主張である。

日本政府はこの解釈を受け入れていない。

たとえば、「北方領土に関し敵国条項をソ連側はいかに解釈しているのか」との中川昭一衆院議員の質問に、外務省欧亜局長が次のように答えている（一九九〇年六月十一日、衆院安保特別委）。

ソ連側は、北方四島の占拠の根拠としてヤルタ協定を挙げ、同協定が、国連憲章百七条により、戦後秩序の一部として日本を拘束すると主張しております。これに対し私どもは、ヤルタ協定はこれに参加した首脳たちが共通の目的を述べた文書にすぎず、領土移転のいかなる法的根拠も持ち得るものではない、その当然の帰結として、国連憲章百七条はソ連側の北方領土占拠にいかなる根拠を与えるものでもないし、全く関係のない規定である、そう反論しておる次第でございます。

この日本政府の立場を、河野外相はラブロフに対し、即座にぶつけねばならなかった。ラブロフは、明確に日本世論を揺さぶる意図で発言している。一方、河野氏には、世論戦を戦うとの気概が全く見られなかった。

なおロシア側は、八月十五日でなく九月二日（日本の降伏文書調印の日）を「大戦終結記念日」と定め、北方領土を含む樺太・千島占領は大戦中の行為だと強弁している。ここも、日ソ中立条約違反と並んで日本の外相が強く反論せねばならぬポイントだった。

ちなみに、ソ連軍による北海道北方地域侵攻は一九四五年八月十六日にカムチャツカ方面から開始され、八月十八日に占守島《しゅむしゅとう》上陸、八月二十八日に択捉島《えとろふとう》上陸、九月一日に国後《くなしり》島《とう》、色丹島《しこたんとう》上陸、九月三日に歯舞《はぼまい》群島上陸と続き、九月五日までに全域を占領した。明らかに終戦後の侵略である。

話を戻せば、カメラの前で言いたい放題のラブロフに対し、河野氏は借りてきた猫の風であった。当日のNHKニュースはラブロフの一方的発言のみを伝えたが、河野外相が何も発信しなかった以上、必ずしも放送局の不見識とは言えない。

かつて、双方国連大使の立場でラブロフとやり合った経験を持つボルトン元大統領安保補佐官（第一次トランプ政権）は、「終始細かく条件闘争を仕掛けてくる男で予測困難。土壇場での大芝居（見方によってはヒステリー）に走りがち。ラブロフは国連大使を務めつつ、この特技を完成させていた」と回顧している。ラブロフの「大芝居」を捌《さば》くだけの技量と度量が河野外相には欠けていた。

国内では木で鼻をくくったような「次の質問どうぞ」「所管外でございます」を連発して逃げ、国外では難しい相手との共同記者会見に出ないのが「特技」では、話にならないだろう。

「カモネギ外交」を象徴する外相

中東問題でも、河野外相は日本の「カモネギ外交」を象徴する存在だった。先の著書に次の一節がある。

外交は国と国との交渉ではありますが、最後は外務大臣同士の人と人との関係がものを言うことも少なくありません。たとえばアメリカが資金拠出《きょしゅつ》を中止したUNRWA（国連パレスチナ難民救済事業機関）を支援するための会合の共同議長を私に頼んできたのは、それまでに会議で顔を合わせていただけでなく、私邸にまで招かれたりしていたヨルダンのサファディ外相とEUのモゲリーニ外相の二人でした。外務大臣のフットワークが軽くないと国の外交は成り立たない、と言えるでしょう。

自慢気に書いているが、要するに、トランプ政権が国連パレスチナ難民救済事業機関（UNRWA）はテロ組織ハマスの物資調達部門に堕していると認識から資金拠出を停止したのを受け、「日本にもっと出させよう」という国際リベラル勢力に、英語がうまく、「フットワーク」（というより腰）が軽いとおだてられ、カモにされたに過ぎない。原資は日本国民の税金である。とても外交を任せられる人物ではない。

慰安婦問題にも触れておこう。

強制連行・性奴隷化虚偽をいまも世界に拡散する河野洋平官房長官談話（河野談話、一九九三年八月四日）について聞かれるたび、洋平氏の長男・太郎氏は「それは別の河野さんでしょ」とはぐらかすのが常だった。しかし、河野家のブランドに助けられて政界入りした以上、「自分は無関係」では済まない。

二〇一八年三月二十八日、衆議院外務委員会で杉田水脈《みお》議員（自民党）が、河野外相に改めて河野談話に対する見解を尋ねた。ところが、雄弁が自慢のはずの河野氏は机上に目を落としたまま動かず、代わって立った外務省参事官の「過去に安倍首相が、河野官房長官が何を考えて発言したのか承知しないと答弁している」云々《うんぬん》の発言を無表情に聞くのみであった。およそ責任ある態度とは言えないだろう。

関係者によると、河野氏は一度洋平氏に「修正談話」を出すつもりはないのかとそれとなく対応を促《うなが》したという。しかし「そのつもりはない」と洋平氏に撥《は》ねつけられ、それ以上何も言わずに引き下がったらしい。本来なら、「修正しないならここで刺し違える」くらいの気合で迫るべきだった。親が親なら子も子という他ない。

中国報道局長と鼻の下を伸ばした自撮り写真

リーダーには心の余裕とバランス感覚が欠かせない。しかし河野氏は、このいずれも見事なまでに欠いている。性格こそが最大の問題と言ってもいい。「英語はうまいし、それなりの存在は出来上がっているが、常識に欠ける」という所属派閥の長、麻生太郎自民党最高顧問の発言は適評だろう。

かつて、議員宿舎で河野太郎氏と隣同士だった平沼赳夫《たけお》元経産相（前拉致《らち》議連会長、引退）から聞いた次のような話もある。

ある時、河野氏が大声で誰かを怒鳴りつける声が聞こえてきた。あまりに言葉が荒く、執拗《しつよう》なので、平沼氏の子女がベランダに出て耳を澄ませたところ、河野氏が義理の母親を激しく罵倒《ばとう》していたという。平沼氏は話を誇張する人ではない。

一方、河野氏がゆるんだ表情を見せる場面もある。過去に二回、中国外務省の華春瑩《かしゅんえい》報道局長（当時）に顔を寄せ、鼻の下を伸ばした自撮り写真をSNSに上げたのが好例である。華報道官は色白、ふくよかな一見「いい人」風の中年女性で、日本の政界にも隠れファンが多い。しかし人権蹂躙《じゅうりん》、軍事恐喝を続ける中国共産党の準幹部である事実に変わりはない。

アメリカの国務長官が同じ振る舞いに出れば、即刻辞任に追い込まれるだろう。日本の政界で何ら問題にならなかったのは、国会全体の意識がいかに低いかの証左である。

菅義偉元首相の重大な責任

本章の最後に、これほど欠陥の多い河野太郎氏を引き上げ、箔《はく》を付けてきた許されざる自民党幹部らの責任に触れておきたい。

なかでも、同じ神奈川県選出という理由にならない理由も加わって河野氏に深く肩入れしてきた菅義偉元首相の責任は大きい。日本のエネルギー基盤を破壊する菅政権の誤った脱炭素原理主義政策は、事を河野太郎氏に預けた菅氏の不見識に基づく。

菅氏は、二〇二一年の自民党総裁選でも、盟友のはずの安倍元首相と袂《たもと》を分かつ形で河野氏を推した。現在でも小泉進次郎氏支持だけでなく、河野氏への高い評価を変えていないとされる。

ある政界通によると、「菅さんは、これがやりたいと明確に政策を掲げてぶつかってくる政治家が好き」なのだという。

しかし問題は政策の中身である。菅氏は、安倍首相の「番頭」の立場で国益に奉仕したが、経済、外交政策には弱いとされる。引き続き河野氏を首相にすべく影響力を行使するなら、非常に重大な形で安倍氏の遺志、ひいては日本国民の負託を裏切ることになろう。

二〇二四年九月の自民党総裁選では、菅氏は、第一回投票で小泉氏、決選投票では、安倍氏が、河野氏と並んで絶対に首相にしてはならないと言っていた石破茂氏を推した。そして石破執行部で副総裁に収まっている。「いまでも趣味は安倍晋三」という言葉はどこに行ったのだろうか。晩節を甚《はなは》だしく汚したと言わざるを得ない。

「もう終わった」と見られていた石破氏が首相の座を射止めたように、河野太郎氏復活もあり得る。河野首相の芽をはっきり断つことは、「河野よりマシ」で、利権オンリーないしただ首相になりたいだけで何のビジョンもない人物（たとえば岸田文雄氏）が次々首相の座に就く流れを断ち切ることにもつながる。重要な政局課題と言えよう。

第三章　日本叩きの武器

「勝訴判決」の注意すべき中身

二〇二一年一月八日、ソウル地方裁判所が、日本に対し、韓国人の元慰安婦らに賠償金を支払うよう命じる判決を下した。

「反人道的犯罪行為であり、『強行規範』に違反」しているため、日本に国際法の常識たる主権免除（主権国家は他国の裁判権に服さないとする原則）は適用されないとの理屈である。

「強行規範」とは、あらゆる国際合意や条約より上位にあるとされる、人が人であるための基本原則を指す。要するに、「人でなし」の所業を犯した日本国は、通常の国際法の保護対象にならないというわけである。

この判決における事実認識の誤りについては、ここでは深入りしない。取り上げたいのは、韓国の動きを受けた日本側の対応である。

加藤勝信《かつのぶ》官房長官（当時）は、主権免除原則に反した判決であって、韓国側の責任で取り消すべきだと強調した。また自民党の佐藤正久外交部会長（当時）は「日韓請求権協定、二〇一五年の日韓慰安婦合意、主権免除を認めた国際法を無視した三階建ての違反。日本政府の資産は国民の資産だ。仮に韓国側が差し押さえるなら、制裁を含めた強力な対抗措置を取る必要がある」と強い口調で発信している。いずれも正しい認識である。

さらに佐藤氏は、「日本だけの問題ではない」として、国際司法裁判所（ＩＣＪ）への提訴も主張した。同調する自民党議員も多かった。問題は、この提訴の効果および予想される結果である。

提訴積極論者は、過去にドイツがイタリアに勝訴した「フェリーニ訴訟」を補強材料として挙げる。しかしこの裁判は、日本にとって懸念すべき内容に満ちている。

簡単に経緯を記しておこう。第二次世界大戦中に捕虜としてドイツに連行され、軍需工場で働かされたイタリア人ルイジ・フェリーニが、一九九八年、損害賠償を求めて、自国の裁判所にドイツ政府を提訴した。

地裁、高裁ともに「主権免除」を理由に訴えを退けたが、二〇〇四年、イタリア最高裁が「当該行為が国際犯罪である場合には主権免除は適用されない」と判示し、原告の逆転勝訴となった。しかしドイツ政府は賠償金支払いを拒否。そのためイタリア政府は、在伊ドイツ文化センターを差し押さえる。

これを不当としてドイツがＩＣＪに訴え、イタリアも応じたため、裁判開始に至った。結果はドイツの勝訴となったわけだが（二〇一二年二月三日）、精査すべきは判決文の中身である。判決はまず、次のような事実認識を示している。

ドイツは「特に虐殺において、またイタリア軍捕虜に関して、イタリアの男女に筆舌《ひつぜつ》に尽くしがたい被害をもたらしたこと」を充分認識し、これらの行為が違法であったと受け入れ、本法廷において、「責任を充分に認める」と述べた。本法廷は、問題の行為は「人間性に関する基礎的な配慮」を完全に蔑《ないがし》ろにしたとしか表現しようのないものと考える。

つまりICJ法廷は、ドイツが非人道的な違法行為を犯したと認定し、強く非難したわけである。

さらに判決は、「戦争犯罪の犠牲となったイタリア人被害者と人道に対する罪への補償として、ドイツが相当な措置を取ってきたことに留意する」としつつも、補償対象から捕虜を外したことは「驚きであり遺憾《いかん》」とドイツ批判を続けている。

にもかかわらず、結論としては、イタリアによるドイツ国有資産の接収は主権免除原則に反しており認められないとした。その限りにおいて、確かにドイツの勝訴ではあろう。

しかしICJは、判決はあくまで手続きの違法性に関する判断で、「当該国（ドイツ）

に補償の義務があるか否かとは全く別問題」と念を押している。さらに独伊両国が交渉による解決を図るよう促《うなが》している。

ＩＣＪは「紛争当事国間の合意」を審理開始の条件とするため、日本が慰安婦問題で提訴しても韓国が応じなければ訴訟は成立しない。しかし、仮に韓国側が応じた場合、独伊のケースと同様の展開となる可能性が高い。

必要に応じた対韓制裁の発動を

ＩＣＪには中国人、ロシア人の判事がいる。欧州リベラル派やアメリカ人の判事も基本的に東京裁判史観の持ち主と見ておかねばならない。韓国は元慰安婦や元「徴用工」を、裁判が行われるオランダのハーグに送り込み、涙の訴えをさせるだろう。日本の左翼も「連帯」行動を取るはずである。

ドイツと違って日本は「人道に対する罪」を認めていない。東京裁判でも、ユダヤ人を計画的に虐殺したナチス・ドイツと違い、日本には「人道に対する罪」は適用されなかった。当然である。しかしそのことが、日本はドイツに比べ反省が足りないという形で、国際左翼勢力に日本非難のカードにされてきた。日韓の裁判においても、「裁判官の心証」

を悪くする要素となりかねない。

たとえ結論は日本勝訴でも、判決文に日本批判の文字が並び、日韓の交渉を促す一節が入る可能性が高い。そうなれば、政治的には韓国の実質勝訴である。

今後とも、日本政府がなすべきはＩＣＪへの提訴ではなく、ファクトのしっかりした発信と、必要に応じた対韓制裁の発動だろう。

リベラル・エリートが占める国際司法裁判所の実態

前節でみた慰安婦判決の一年数カ月前に当たる二〇一八年十一月、韓国大法院は、朝鮮人の戦時労働に関して日本企業に賠償を命じる判決を下している。それを受けて日本政府は、韓国を国際司法裁判所（ＩＣＪ）に提訴する構えを見せた。

日本の勝訴は「一〇〇％確実」といった楽観論が政府内外から聞こえたが、慰安婦問題同様、ここでも猪突猛進《ちょとつもうしん》は危険である。現に日本が合理的な主張をしたにもかかわらず、国際法廷の場で敗訴した実例がある。

二〇一四年三月三十一日、オーストラリアが日本を国際捕鯨取締条約違反で訴えた裁判で、ＩＣＪは南極海における日本の調査捕鯨を「科学的でない」と結論付け、中止を命じる判決を言い渡した。

日本政府は、あくまで「合法的な科学調査」だと主張したが、ＩＣＪは、日本の調査捕鯨は条約が認める科学的研究が主目的ではなく、実態として商業捕鯨だとするオーストラリアの主張に与《くみ》した。

この経験から何を学ぶべきか。日本経済新聞電子版の「まさかの敗訴……捕鯨協会会長の驚きといらだち」という記事が示唆《しさ》に富む（二〇一四年五月十三日）。以下に要約しておこう。

判決は、実質的に日本の敗訴だが、ＩＣＪの常として、一見妥協的な体裁《ていさい》を取っている。すなわち日本の南極海での捕鯨はおおむね科学的調査と認められるが、『調査の計画および実施が調査目的を達成するために合理的なものと立証されていない』。具体的には、捕獲するクジラの頭数や調査期間など細かい点で疑問があり、現行の捕鯨許可証は取り消さざるを得ないとの結論であった。日本捕鯨協会の山村和夫会長（当時）は、『今回の判決では調査捕鯨自体は否定されませんでしたが、継続にはかなりのダメージがあります』と述べている

（以上、記事の要約終わり）。

ＩＣＪは十五人の裁判官で構成されるが、「被告」である日本の裁判官（当時は外務省ＯＢの小和田恆氏《おわだひさし》）が含まれていたため、公平性確保の観点から「原告」のオーストラリア人が特任裁判官として加えられ、十六人で審議された。その内十人が、反捕鯨国の国籍者だった。

反捕鯨国とはいえない中国とロシアの裁判官も加わり、最終的に十六人中十二人（七割五分）の裁判官がオーストラリア側の主張を支持した。

国連安保理常任理事国は慣例により、常にＩＣＪに裁判官を送り込める。今後とも、中国人、ロシア人が必ず含まれると見なければならない。

朝鮮人「徴用工」をめぐる国際裁判で、彼らが日本の主張を全面的に支持するとは考えにくい。逆の立場を取る可能性が高いだろう。日本人の裁判官がＩＣＪにいる状況下では、韓国人特任裁判官の参加が認められるはずである。韓国は、歴史問題の論客を送り込んでこよう（現在、岩沢雄司東大名誉教授がＩＣＪに任用されている。任期は二〇三〇年二月まで）。

ＩＣＪは基本的に、日本はヒトラー、ムソリーニと組んだ侵略国という歴史認識を持つリベラル・エリートが多数を占める世界である。そこに中国人、ロシア人、韓国人の裁判官が加わって、戦時朝鮮人労働者問題が審議されれば、常識的に考えて、「日本の勝訴は確実」とは言えない。ＩＣＪの実態を冷静に見極める必要がある。

忘れてはならない南シナ海仲裁裁判の教訓

「国際裁判」に関して、外務省から政治家に対し、次のようなレクチャーが行われているという。複数の国会議員から聞いた。

二〇一四年に、オーストラリアが日本を国際捕鯨取締条約違反で訴えた裁判で、国際司法裁判所（ＩＣＪ）は、日本敗訴の「まさかの」決定を下したが、これは通常あり得ない逸脱である。

二〇一六年、南シナ海仲裁裁判所が、島嶼《とうしょ》や海域の領有権をめぐるほぼすべての提訴項目でフィリピンの主張を認め、中国の傍若無人《ぼうじゃくぶじん》な行為を国連海洋法条約違反とした事例に明らかなように国際司法は充分信頼するに足りる……。

この内、捕鯨裁判が、「まさか」どころか、裁判官の構成から見て、実に分かりやすい結果であったことは、先に見たとおりである。

以下、外交当局が自信の根拠とする南シナ海仲裁裁判について基本的ファクトを整理しておこう。

国連海洋法条約は第二百八十七条において、加盟国は、①国際海洋法裁判所、②国際司法裁判所、③仲裁裁判所、④特別仲裁裁判所の内から「手段を自由に選択」して紛争事案を付託できると規定している。

国際海洋法裁判所と国際司法裁判所は、手続き開始に両当事者の合意を要する。そのためフィリピンは、中国の同意が不要な仲裁裁判を選択した。海洋法条約は付属書Ⅶで次のように仲裁手続きを定めている。

各締約国はあらかじめそれぞれ四人の仲裁人を指名し、名簿を国連事務総長が保管する。仲裁裁判所は五人の仲裁人で構成される。まず紛争当事者が、一人ずつ仲裁人を任命する。その際、前述の「名簿から選出することが望ましく、当該仲裁人を自国民とすることができる」。

残る三人の仲裁人は、第三国の国民から「紛争当事者間の合意によって任命される」。ただし六十日以内に合意できない場合は、「国際海洋法裁判所長が必要な任命を行う」。

さて南シナ海仲裁裁判の場合は、フィリピンが一人の仲裁人を任命したものの、中国は、領有権問題は仲裁の対象外と主張して一人も任命せず、無視する姿勢を取った。任命すれば、手続き開始に合意したことになるからである。

そのため残る四人の仲裁人を国際海洋法裁判所長が任命した。当時の所長は日本人で外務省OBの柳井俊二《やないしゅんじ》氏であった。

南シナ海仲裁裁判所の構成は以下のようになった。裁判長はトマス・メンザ（ガーナ）で初代の海洋法裁判所長。ジャン・ピエール・コット（フランス）、スタニスラフ・パブラク（ポーランド）、リューディガー・ウルフルム（ドイツ）の三名は海洋法裁判所の現職判事（当時）。残るアルフレッド・スーンズ（オランダ）は著名な海洋法学者だった。

この五人が下した裁定は、フィリピンの全面勝訴、中国の全面敗訴だった。中国はこの結果を「単なる紙くず」と罵倒《ばとう》し、「今回の裁定は、アメリカが背後で操り、フィリピンが主役を演じてみせ、日本が脇役として共演した反中茶番劇である」（新華社）と非難したが、客観的に見て、人選も裁定結果も公平なものであった。

しかし中国は、自らボイコットした国際裁判は無効であるとして、南シナ海における攻撃的姿勢を何ら改めないどころか、強奪行為をエスカレートさせている。仲裁裁判は、開始に両国の同意を必要としない分、他の形式の国際裁判以上に実効性が薄い。南シナ海仲裁裁判は、その実態を改めて示したといえる。汲《く》むべき教訓はそこだろう。

日本国および日本軍兵士を貶めた官房長官

慰安婦問題に話を戻すと、二〇二一年四月二十七日、菅義偉内閣が次のような政府統一見解を閣議決定した。馬場伸幸衆院議員（維新）の質問主意書に答えたものである。半ば評価でき、半ば評価できない。

「従軍慰安婦」という用語を用いることは誤解を招くおそれがあることから、「従軍慰安婦」又は「いわゆる従軍慰安婦」ではなく、単に「慰安婦」という用語を用いることが適切である。

この決定を踏まえて、菅首相は「教科書の検定基準は閣議決定、その他の方法により示された政府の統一的な見解が存在している場合は、それに基づいて記述されることになっている」と述べ、今後は教科書で「従軍慰安婦」という表現は認めないとの意向を示した。衆院予算委員会で藤田文武《ふみたけ》議員（維新）の質問に答えたものである。

政府と維新の連係プレーであり、河野洋平官房長官談話（河野談話。一九九三年八月四日）にある「いわゆる従軍慰安婦」との表現が教科書執筆者たちに「悪用」されてきた事態への、遅まきながら正しい対処であった。

河野談話は、その内容以上に、記者会見の場での河野官房長官の無責任な言動が決定的に国益を損ねた。強制連行があったとの認識でいいか、と質問された河野氏は「そういう事実があったと。結構です」と反論はおろか、何の留保もつけない迎合発言を行う。河野氏はその後、二〇一五年になって、BSフジの番組で大要次のように弁明している。

オランダ人のなかに強制的に連れて行かれ、慰安婦にされた女性がいる。強制連行がなかったとは言えない。韓国については、お金がほしいからという人もなくはないけれども、それでも慰安所に入れられた後は、結局、女性の人格を否定されるような労働に強制的につかされた事実が残っているのは間違いない。だから、強制連行は事実としてあった。全部が全部そうとは言わない。

ごく一部の犯罪行為で全体を代表させ、日本国および日本軍兵士を貶《おとし》めた責任が問われているのだが、河野氏は「全部が全部そうとは言わない」で逃げようとした。前章で述べたとおり、息子の河野太郎氏も、父親である洋平氏およびその後援会の支援を受けて議席を得た以上、「それは別の河野さんでしょ」で誤魔化《ごまか》す姿勢は許されない。日本政府は最低限、「軍人による強制連行はオランダ人の場合以外、確認されていない」と明記した新談話を出す必要がある。

外国人研究者に背後から鉄砲を撃つ日本政府

ところで、菅義偉政権の統一見解はさらに踏み込んで次のようにも記している。

政府としては、慰安婦が「軍より『強制連行』された」という見方が広く流布《るふ》された原因は、吉田清治氏（故人）が、昭和五十八年に「日本軍の命令で、韓国の済州島《チェジュとう》において、大勢の女性狩りをした」旨《むね》の虚偽の事実を発表し、当該虚偽の事実が、大手新聞社により、事実であるかのように大きく報道されたことにあると考えている。

主として朝日新聞の捏造《ねつぞう》記事が国際的な誤解を広めたとの認識を示したものである。誤解を正そうとしなかった政治家や外交当局の責任を捨象《しゃしょう》している点や、朝日と明示しなかった点に不満が残るが、正しい発信といえる。ここまでは評価できよう。

ところが維新の、河野談話をまだ継承するのかとの質問に対しては、菅内閣は「政府の基本的立場は、談話を継承しているというものである」と硬直した答弁を繰り返した。これでは国際歴史戦を強く戦えない。

たとえば、慰安婦強制連行が虚偽であると論証した米ハーバード大学のJ・マーク・ラムザイヤー教授に対し、論文の撤回と謝罪を求める反日勢力や左翼インテリによる不当な攻撃が続いたが、彼らが最大の拠《よ》りどころとしたのが河野談話である。

ラムザイヤー論文の撤回を掲載学術誌に要求する公開書簡を起草し、国際的な署名集めを仕切った韓国系米国人のマイケル・チェUCLA教授はこう強調する。

最も重要なことに、日本政府は河野談話において、これらの若い女性や少女は「本人たちの意思に反して集められた」「慰安所における生活は、強制的な状況の下《もと》での痛ましいものであった」「慰安婦の募集については官憲等が直接これに加担した」と認めている。

「加害者」である日本政府すら認める「確立されたファクト」をラムザイヤー氏は無視している、したがって研究の名に値《あたい》せず、少女の集団レイプを正当化するような文章に言論の自由は適用されないという論理立てであった。

かたくなに河野談話を「継承」する限り、日本政府は勇気ある外国人研究者に背後から鉄砲を撃ち続けていると言われても仕方がない。日本人として恥ずべき光景であり、許されざる話である。

「慰安婦詐欺の清算」を

河野談話は誤解を拡大し続けている。したがって修正すると宣言し、日本軍による強制連行および性奴隷化を明確に否定した新たな官房長官談話ないし政府統一見解を出さねばならない。

政府が踏み込めないのは、国際的な大ニュースとなり、批判されるのを恐れるためだろう。しかし、必要なのはまさに大ニュースを生むことである。肉を切らせて骨を断つ気概がなければ、深く根付いた誤解を解消することはできない。

菅政権の統一見解は、日本国内の教科書検定という狭い「戦場」では意味を持つだろう。しかし、それ以上の効果は期待できない。現に国際的には、全くニュースにならなかった。あの程度の部分修正ではニュース価値がないためである。

日本政府が公式に河野談話を修正し、その事実が、バッシングを伴ってにせよ、大いに国際的に取り上げられ、周知されない限り、反日勢力はどこまでも河野談話を日本叩きの武器として使い続ける。

維新の馬場議員は、「今後は党を挙げて河野談話の是正を政府に迫っていく」と語った。自民党からも同じ動きが起こらなければおかしいだろう。河野談話の修正すらできない政治が、憲法改正などできるはずがない。

近年韓国の心ある研究者から、慰安婦問題の虚偽を正す優れた論文や書籍が相次いで出てきている。『反日種族主義』『反日種族主義「慰安婦問題」最終結論』（ともに文藝春秋）などがその例である。彼らも参加する「慰安婦詐欺清算連帯」という明快な名を冠した街頭集会も回を重ねている。正しく、心強い行動である。

今後は、韓国からの英語発信を強化し、欧米での慰安婦シンポジウムなどにも積極的に参加してもらいたい。私自身も経験があるが、アメリカで日本人がいくら事実を説明しても、言い訳と受け取られ、なかなか誤解は解けない。韓国人が前面に出て闘って、初めて「慰安婦詐欺の清算」が現実のものとなる。

韓国の左翼活動家が、アメリカ、ドイツ、イタリアなどで慰安婦少女像（私は慰安婦虚像と呼んでいる）とアジア版「ホロコースト」などとした説明板を建てる動きも続いている。日本政府が阻止や撤去に向けた外交努力を行うべきは当然だが、韓国の有志も、実力撤去を含めた行動を起こすべきだろう。朝鮮の男はみな、妻や娘を拉致《らち》されても、ただ指をくわえて見ているだけの腰抜けだったという嘘を放置して、天上の父祖に合わせる顔はないはずである。

第四章　拉致と議員

めぐみさん「死亡」を楽しげに語る男

世に意識の低い許されざる政治家は多いが、立憲民主党の場合、党の会合で、女子中学生と性交して何が悪いと叫んで公認を外された本多平直《ほんだひらなお》元衆院議員（西村智奈美《ちなみ》衆院議員の夫。西村氏は二〇二四年十一月から衆院法務委員長）といい、以下で取り上げる生方幸夫《うぶかたゆきお》元衆院議員といい、常軌《じょうき》を逸《いっ》した考えを、高揚感をもって語る人物が目立つ。

オバマ元米大統領が回顧録で、「権威に歯向かう姿勢を売り物にする習性などから、発信において自制心を欠くことにほとんど倒錯《とうさく》した誇りを持つ議員が特に民主党に多い」と鋭く指摘しているが、日本の「批判だけ野党」群にも当てはまる。

典型例たる生方氏の発言を振り返っておこう。二〇二一年秋の総選挙を控えた「国政報告会」の場で、拉致《らち》問題に関する日頃の思いを支持者の前でつい吐き出したらしい（九月二三日）。生方氏は、会場からの質問に、笑いを交えつつ次のように答えた。

生方　拉致問題は、こんなこと言ったら悪いのかもしれないけれど、本当にあるのかどうか、ないんじゃないか、少なくとも、何ですか、亡くなった小さい女の子、中学生かなんかで。

質問者　横田めぐみさん。

生方　横田さん。横田さんが生きているとは誰も思っていないのです、自民党の議員も。生きていたら何で帰さないの。生きているなら帰すではないですか。帰さない理由は全くないし。

「帰さない理由」は一対一で工作員教育に当たらされるなど、北の秘密を「知り過ぎている」からというのが常識的見方である。

生方氏は、「横田めぐみ」という名前を思い出せず（あるいは、些細《ささい》な問題と印象付けるため、思い出せない風を装いつつ）、「亡くなった」という言葉だけは淀《よど》みなく発している。私は発言を動画で見たが、生方氏は「横田さん」に関し、ほとんどせせら笑うような調子で話している。

北朝鮮に拉致され、家族と引き離された「女の子」が「亡くなった」と放言することが楽しい風であった。当選を重ねた政治家で、ここまで露骨に腐爛《ふらん》した精神の持主も珍しい。

めぐみさんの母、横田早紀江《さきえ》氏が「怒る気力もない。こんな日本人がいることに驚いた」と嘆息《たんそく》したのも当然だろう。

十月十一日に発言が問題化したのを受け、同日夕、立民党執行部に促《うなが》された生方氏が、「この度《たび》は、私の著《いちじる》しい勉強不足と思い込みから、事実に基づかない発言をしてしまい」云々《うんぬん》で始まる謝罪文を持って救う会事務所を訪れた。

しかしこの弁明はおかしい。生方氏は読売新聞記者を経て議員生活二十年（当選六回）に及ぶ政界の古株であった。拉致に関する報道があふれた小泉訪朝の時期も国会にいた。

生方氏は、「めぐみさん死亡」という根拠なき断定に続き、悪いのは帰還した拉致被害者を「約束通り」北に戻さなかった日本だと、批判の矛先《ほこさき》を小泉政権とりわけ安倍晋三官房副長官（当時）に向けている。長年安倍氏や拉致議連に反感をくすぶらせていた確信犯的親北派であることが分かる。

生方氏は、北朝鮮問題に関する自分の指南役は「石井一《はじめ》先生」だと述べている。石井一元自治相（二〇二二年死去）は、「交渉の入り口から拉致問題を外さねばならない」と主張してきた代表的な親北派である。

生方発言は、「拉致被害者は全員死亡で処理して対北友好」を進めたい勢力の「本音」を白日《はくじつ》の下《もと》に晒《さら》した。

民主党副幹事長時代の二〇一〇年、産経新聞のインタビューに応えた生方氏は、小沢一郎、輿石東《こしいしあずま》両幹部の「政治とカネ」問題は深刻で、「要するに言い訳から入る選挙は勝てませんよ」と語っている。ところが自らは、潔《いさぎよ》く政界を去ることなく「言い訳から入る選挙」をあえて行い、落選した。しかし、第二、第三の生方は政界に多数潜んでいるだろう。

ワイドショー・タレントの「本音トーク」

親北的な日朝議連の応援団を自任しているらしい人物にワイドショー・タレントのテリー伊藤氏がいる（いまやあまり見かけないが）。

テリー氏は、無責任、無理念を隠すどころか、むしろ売り物にする点で、日朝議連的な立場を戯画的《ぎがてき》に体現している。軽薄な「本音トーク」はそれなりに俗耳《ぞくじ》に入りやすい。残念ながら無視できない存在だろう。

たとえば二〇一八年六月十五日放送の『深層ＮＥＷＳ』（ＢＳ日テレ）で、テリー氏は隣席の横田拓也拉致被害者家族会事務局長（当時。現代表）に時々目を遣《や》りつつ、大要次のように発言した。

「拉致問題で会いましょう」と北朝鮮に言って、会うわけないじゃないですか。だってそれって、最初から日本が被害者で向こうが加害者みたいな、そういうことでしょう。南北首脳会談も米朝首脳会談も、笑顔で握手して、帰り際《ぎわ》も笑顔ですよ。でも拉致問題をテーマにしたら、最初から最後までブスッとしますよね。米朝首脳会談の時に、金正恩《キムジョンウン》さんが「ここまで来る道のりは大変だった。偏見と慣行があったが、私達は目と耳を塞《ふさ》ぎながら堪《た》えて今日はやって来た」と言った。彼ら自身も被害者意識を持っているということですよ。日本人が被害者で北朝鮮が加害者というスタンスで会談なんか向こうがやるわけがないです。

まず、拉致も主要テーマの一つとして過去に二度、日朝首脳会談が行われている。トランプ大統領も、金正恩に対して直接、三回にわたって拉致問題を持ち出し、前向きに対応するよう促している。「会うわけない」とは何を見て言っているのか。

確かに、金大中《キムデジュン》、盧武鉉《ノムヒョン》、文在寅《ムンジエイン》と、韓国が親北左翼政権時代の南北首脳会談では、終始節操のない笑顔が振りまかれた。南は北が嫌がる問題を何一つ持ち出さなかった。それどころか、金品を無償で北に渡した。拷問《ごうもん》、処刑が確実な脱北者を北に送り返しもした。その結果、韓国人拉致被害者は一人も解放されず、韓国に向けた北のミサイル配備が進んだ。羨《うらや》むべき点などどこにもない。

米朝首脳会談は、アメリカが北の「被害者意識」に配慮したから開かれたのではない。逆に米側が、斬首作戦を含む軍事圧力を強め、金正恩の恐怖心を高めたから、北が話し合いを求めてきたのである。北の独裁者を心理的、物理的に追い詰めることが事態進展のカギになる。

なおこの討論番組には、安倍首相の弟子を自認する山本一太《いちた》参院議員（当時。現在、群馬県知事）も同席していた。しかし残念なことに、テリー氏の言葉に反論するでもなく、ただ漫然《まんぜん》と頷《うなず》くばかりだった。真に安倍首相の遺志を継ぐ政治家は少ない。

「日朝議連内閣」が発足

首脳会談を含め日朝間で交渉が行われるのは、基本的に歓迎すべきことである。事態が動けば相手もいろいろとミスをする。思わぬ情報も出てこよう。ただし「トップ会談」を行うとは、北の欺瞞《ぎまん》工作にトップが直接晒されることを意味する。かつて「政界のドン」と言われた金丸信《かねまるしん》氏が率いる訪朝団（一九九〇年）が、金日成《キムイルソン》の歴史捏造《ねつぞう》戦と懐柔《かいじゅう》策に揺さぶられ、「戦後の補償」まで約束したような悪《あ》しき例もある。

日本の首相が拉致問題「進展」を選挙の梃子《てこ》にすべく焦っていると見れば、北は当然吹っ掛けてくる。しかも場所が敵地平壌《ピョンヤン》となれば、最大限の警戒が必要となる。

日本国内でも、首脳会談近しと見れば、朝鮮総連に近い日朝議連を中心に宥和《ゆうわ》勢力が活動のギアを上げてこよう。この議連の会長だった衛藤征士郎《えとうせいしろう》氏（自民党。二〇二四年の総選挙で落選）に次のような発言がある。

「日本はかつて北朝鮮を侵略して甚大《じんだい》な被害を国家と国民にもたらしているのですから、当然われわれとしても、その事実を重く両肩に背負い込まないといけないのです」（『世界』二〇〇八年七月号）

支離滅裂《しりめつれつ》という他ない。いつの時代の何を指しているのか不明な「北朝鮮を侵略」には、北も一瞬応答に詰まるのではないか。衛藤氏の狙いは北の開発利権と見る向きも多いが、いずれにせよ度を越した自虐史観であり、極端な迎合である。この人物が、かつて防衛庁長官であったことにも驚き、呆《あき》れる他ない。

日朝議連には自民党から中谷元《なかたにげん》氏、岩屋毅《いわやたけし》氏、茂木敏充《もてぎとしみつ》氏、石破茂氏、二階俊博氏（引退）など、対北政策でおよそ見識や信念を持つとは思えないメンバーが並ぶ。このうち石破、岩屋、中谷の三氏は、石破内閣で首相、外相、防衛相という外交安保の枢要《すうよう》のポジションを占めた。まさに「日朝議連内閣」であり、論外という他ない。野党では辻元清美氏（立民）、福島瑞穂氏（社民）といった、さらに論評に値《あたい》しない名前が見える。

東アジアを担当する外務官僚の宿痾

私はかつて、首相に返り咲く前の安倍氏と衛藤征士郎氏が激しくやり合う場に居合わせたことがある（自民党拉致特別委員会。二〇一一年十二月十六日。私は「救う会」副会長の立場で出席）。当時衛藤氏は訪朝を計画中で、平沢勝栄《かつえい》氏、岩屋毅氏らが、その場で衛藤氏に寄り添う発言をした。以下、手元のメモから再現しておく。

衛藤征士郎　政府は何の交渉もできておらず、進展がない。議員外交で動かしたい。

安倍　圧力を掛けて対話を引き出していくのが原則だ。私が首相の時も、相手が約束を破った以上、正式の交渉はしなかったが、水面下での接触はあった。いまもあるのかも知れず、政府の主張より甘い立場で議員外交を行ってはならない。

衛藤晟一《せいいち》　『非は日本にある』と思っている人が行っても、相手の手の内にはまるだけだ。

付け入る隙を与えてはならない。

「政府の主張より甘い立場で議員外交を行ってはならない」（安倍）という点が特に重要である。北朝鮮問題とりわけ拉致問題を巡っては、日本国内でも一種の「冷戦」が続いてきた。拉致議連と日朝議連の対立が見やすい例と言える。

拉致議連（古屋圭司会長）は安倍氏が死去の時まで最高顧問を務めてきた組織で、その立場は次の「首相官邸への申し入れ」に端的に表れている（二〇一八年六月二十二日）。

いま圧力を緩めてはならない。焦らず、確実に拉致被害者の帰国につながる実質協議ができることを見極めた上で、日朝首脳会談に臨む必要がある。拉致問題の解決なくして、経済支援はもとより日朝国交正常化への議論を行うことは絶対に認められない。拉致問題の解決とは、全拉致被害者の即時一括帰国以外にはない。

拉致被害者家族会も支援団体の「救う会」も同じ立場を取っている。一方、拉致を棚上げにした国交正常化、対北支援・交流拡大を目指すのが日朝議連である。彼らにとって拉致問題は「障害」でしかない。

日朝議連のブレーンと言えるのが田中均《ひとし》元外務審議官（小泉第一次訪朝時に水面下の交渉を担当）である。

二〇一八年六月二十一日、約十年ぶりに開かれた同議連総会に、朝鮮総連の幹部と共に講師として呼ばれた田中氏は次のように述べた。

安倍首相は北朝鮮への強い姿勢をかざし首相への階段を上ったが、国内に威勢のいいことを言うのが外交じゃない。拉致問題で結果が出ているか。（日朝が）合同で調査を徹底的にするのが一つの道筋ではないか。徹底的な調査をせず、生きているに違いないとか死んでいるとか言うのは無責任だ。

要するに「日朝合同調査委員会」の設置を主張したものである。外務省で田中氏の後輩に当たる藪中三十二《やぶなかみとじ》氏も、日本側交渉代表だった当時、繰り返し合同調査委員会案を持ち出した。日朝議連は続く一カ月後の総会で、日朝首脳会談の早期開催を促す決議を行ったが、この場には藪中氏が講師として呼ばれている（七月二十七日）。

とにかく「調査進展」の体裁《ていさい》を作って、大使館の相互設置など「国交正常化」につなげたい、というのは、東アジアを担当する外務官僚の宿痾《しゅくあ》と言える。

安倍首相はこの総会の前に日朝議連の幹部と会い、「北朝鮮に高めのタマを投げてほしい」と釘を刺したというが、結果は打ちごろのゆるいタマとなった。

先ほども少し触れたが、日朝議連の顧問格だった石井一氏（故人）などは、さらに論外で、「交渉の入り口から拉致問題を外さねばならない。（小泉訪朝時に）北朝鮮は拉致被害者十三人のうち八人が死亡と通告した。最高権力者が首脳会談で発した言葉であり、重く受け止めるべきだ。金正恩委員長が父親の言葉を覆《くつがえ》すとは考えにくい」と親北的放言の垂れ流しに近い状態だった。

石井氏もやはり、「国交正常化し、北朝鮮に連絡事務所などを設けられる環境をつくる。日本の警察や拉致被害者の家族が北朝鮮で調査をした方が、丸投げするよりはるかに良い」と合同調査委員会を主張している。

「日本から乗り込んで行って調査する」というと、一見、力強い議論に聞こえるが、これこそ田中均氏の言う「国内に威勢のいいことを言う」話に他ならない。自由が一切ない北朝鮮で、意味ある情報活動などできるはずもない。合同調査委員会は「風化促進委員会」

と成り終わるのが必定《ひつじょう》である。

北朝鮮が素直に全被害者を返せば、そもそも北での調査など必要ない。北は全被害者を管理下に置いている。「合同調査」は、北の死亡通告を前提とし、一緒に調査を尽くした形にして日本世論に「死亡」を納得させる時間稼ぎないし揉《も》み消し工作以外の何ものでもない。

北は様々な形で調査に「協力」するだろう。「拉致被害者Aさんの交通事故死現場にたまたま居合わせた証人を見つけ、呼んである。我々は別室にいるので、日本側だけで自由に事情聴取してくれ」といった光景が目に浮かぶ。カメラと盗聴器が仕掛けられた部屋で、証人役の人間がシナリオ外の発言をするはずもない。そして北はその都度、「協力」の対価を求めてくるだろう。

かつて小泉第二次訪朝の際、「（拉致被害者曽我ひとみさんの夫）ジェンキンス氏を呼んである。小泉さん自身で意思を確かめてくれ」と金正日《キムジョンイル》に促された小泉首相が、日本に来るよう熱心に説得した例がある。ジェンキンス氏は誘いを断り、逆に妻を北に戻すよう求めた。後に北からの脱出がかなったジェンキンス氏は、あの場で日本に行きたいなどと言えば命はなかっただろうと振り返っている。

一切の自由がなく、すべてが偽造された国でまともな証人尋問も証拠収集も行い得ないことは明らかである。にもかかわらず、合同調査委員会設置を日本から持ち出すのは、「一緒に調査を尽くした形にして日本世論に『死亡』を納得させる」というメッセージ以外の何ものでもない。

「日本側は様々なルートで拉致被害者の生存情報を得ている。北が誤魔化《ごまか》しに掛かれば圧力強化で応じる」というのが、日朝協議の基本でなければならない。

本来なら圧力のなかに、トランプ政権初期のアメリカ同様、独裁者に対する「斬首作戦」などの軍事的圧力も含まれるべきだが、日本は自らの手を縛り続けている。せめて経済的な圧力だけは、拉致問題解決まで緩めてはならない。

「国際合同調査委員会」という危ない変化球

この関連で、決して手を出してはならない変化球に「国際合同調査委員会」がある。日朝にアメリカや国連の「専門家」を加えて、より「客観的な」枠組のもとで調査するという案である。これは「日朝合同調査委員会」の無意味な衣替《ころもが》えに過ぎない。第三国人が入っても、北でまともな調査など行い得ない現実に何の変わりもない。

なお日本国内の宥和派では、先に触れた河野談話の河野洋平氏もやはり、日朝議連の衛藤征士郎前会長同様、「植民地問題の処理もできていない国に、ただ（拉致被害者を）帰せ、帰せと言っても問題は解決しない。国と国の関係を正して、帰してもらうという手順を踏まざるを得ない」と先制譲歩的な発言をしている（二〇一八年六月十三日）。

これに対しても安倍首相（当時）が、「北朝鮮に大変なサービスをされている。われわれが厳しい交渉をしていかなければいけないなか、そういう発言は交渉力をそぐ。大先輩だけに大変残念だ」と公に批判した。

河野氏や衛藤氏らがたびたび持ち出す「植民地問題の処理」についても簡単に整理しておこう。

第二次大戦終戦時に日本が北朝鮮に残した国有・民有資産の合計は現在価格で約八兆八千億円。逆に未払い賃金など、過去の日韓合意の線に即して北が日本に請求しうる金額は現在価格で四兆円未満である（西岡力《つとむ》麗澤《れいたく》大学特任教授・救う会会長の計算に拠《よ》る）。

「過去の清算」を単純に金銭で測るなら、差額に当たる約五兆円に拉致被害者への補償などを上乗せした額を日本側が受け取らねばならない。

北朝鮮当局による人権蹂躙《じゅうりん》の凄惨《せいさん》さは、日本の朝鮮統治とは比較にならない。河野氏らが目指す、北の抑圧体制強化につながるような資金提供は、拉致被害者を含む現地の被抑圧者に対する決定的な裏切りとなろう。

元外務事務次官の不可解な「証言」

二〇二二年九月十七日、長年北朝鮮との交渉に携《たずさ》わってきた齋木昭隆《さいきあきたか》元外務事務次官が、北が拉致被害者二名の生存を認めたとの情報に関して、次のように語った(「朝日新聞」インタビュー)。

北朝鮮からの調査報告の中に、そうした情報が入っていたというのは、その通りです。ただ、それ以外に新しい内容がなかったので報告書は受け取りませんでした。

二〇一九年十二月二十六日、共同通信が、日本政府が二〇一四年に北から二名の生存情報を伝えられながら安倍首相の判断で応じず、公表もしなかったという「政府高官」の匿《とく》名《めい》証言を配信した。この匿名高官の、少なくとも一人が齋木氏であったことが右記朝日のインタビューで明らかになったわけである。

問題の「二人の拉致被害者」とは、政府が拉致認定している田中実《みのる》さんと、「拉致の可能性が否定できない」としている金田龍光《かねだたつみつ》さんを指す。二人は神戸の同じラーメン店で働いていた。警察庁は田中さんのケースを「元飲食店店員拉致容疑事案」と名付け、次のように解説している。

神戸市内の飲食店に出入りしていた田中実さん（当時二十八歳）が、昭和五十三年（一九七八年）六月、北朝鮮からの指示を受けた同店の店主である在日朝鮮人の甘言《かんげん》により、海外に連れ出された後、北朝鮮に送り込まれた事案です。警察では、関係者から事情を聴取し、関係各機関との情報交換など、必要な捜査を行った結果、北朝鮮による拉致容疑事案と判断しています。

金田さんは翌一九七九年に失踪した。問題は、齋木発言が何を狙いとしているかである。日本政府は「今後の対応に支障を来たす恐れがあるため答弁を差し控える」としつつ、二人についてはあくまで「安否未確認（北朝鮮は入境を否定）」として、共同の報道を受け入れていない。

にもかかわらず齋木氏は、なぜ繰り返し匿名で情報を流し、安倍元首相が暗殺されるや（すなわち安倍氏が反論不可能となるや）実名を出し、よりインパクトのある形で「証言」を行ったのか。

齋木氏も、外務省の先輩に当たる田中均氏や藪中三十二氏同様、二人の被害者の「一時帰国」と、残りの被害者に関する「日朝合同調査委員会」設置を拉致問題の「進展」と位置付け、制裁緩和、国交「正常化」に向かうといった図を描いているように思われる。

齋木氏を含む外務省関係者のなかに、安倍元首相が亡くなって重石《おもし》が取れたいま、拉致問題は事実上棚上げでよいと考える勢力があるのだろう。追加の日本世論工作カードとして、横田めぐみさんの娘キム・ウンギョンさんの「日本留学」なども囁《ささや》かれてきた。

なお、日朝首脳会談に当たっては、従来の例に従えば、政務担当の官房副長官二人の内の一人が同行し、補佐役を務めることになる。しかし近年の内閣人事を見る限り、到底、小泉第一次訪朝の際の安倍官房副長官のような働きができる人物が任に当たるとは期待できない。

私はかねてより、日本で拉致問題に最も詳しく、朝鮮語も出来る（相手の発言のニュアンスを理解できる）西岡力救う会会長を、補佐官なり内閣参与に任命し、首脳会談の場に同席させるよう主張してきた。トランプは米朝首脳会談の際、北の核ミサイル問題に精通したボルトン安保補佐官を同席させている。北が「人間の屑《くず》」と呼んで強く忌避《きひ》してきた人物だが、トランプは「誰を同席させるかは米大統領の専権事項」として意に介さなかった。日本の場合も、同じことができないはずはない。騙せない人間がその場にいると分かれば、北も安易な策略には走れない。

北朝鮮と統一教会・左翼政党

安倍首相の暗殺事件をめぐって統一教会（世界平和統一家庭連合に改称）が注目を集めた。これも北朝鮮問題と関連する部分が重要である。

統一教会の最大の問題は、「勝共《しょうきょう》」を掲げながら、ソ連圏が崩壊した一九九〇年前後から、「愛」で北朝鮮を変えると称して、教祖文鮮明《ムンソンミョン》が、巨額の金品を北の独裁者（当初は金日成）に貢《みつ》いだことにある。それにより、金大中大統領を中心とする韓国の親北左翼と同じ陥穽《かんせい》に堕《お》ちてしまった。この部分を剔抉《てっけつ》しなければ統一教会の全体像は見えないし、将来に向けた意味ある総括もできない。

霊感商法で日本人をはじめ多くの信者から金銭を集めたこと自体、もちろん公序良俗に反する行為である。しかし、その資金を社会的に意義ある事業に振り向けていたのなら、宗教団体による一種の再分配行為という解釈も成り立つ。

たとえば、米紙「ワシントン・タイムズ」（以下WT）は、一九八二年の創刊以来、統一教会の関連団体がオーナーだが、リベラル派の「ワシントン・ポスト」と違い、ロナルド・レーガン大統領も愛読した保守系紙である。保守派の論客や政府高官を登壇者とするシンポジウムも数多く後援している。

長くWTの看板記者で（現在は退職）、北朝鮮の核ミサイル問題に詳しいビル・ガーツは、一度ワシントンで私にインタビューの上、拉致問題で優れた記事を書いてくれた。ブッシュ・ジュニア政権時代に国防総省を訪れ、対北強硬派のリチャード・ローレス副次官と面談した時のことだった。最後にローレスが、日頃ペンタゴンに詰めているというガーツを部屋に呼び入れ、インタビューを設定してくれた。共和党政権とWTの「近さ」を実感した瞬間だった。

統一教会系で、WTと提携している世界日報も、拉致問題を継続的に報じるほか、米保守派のキーパーソンに関する興味深い記事を載せる。私の知友でトランプ陣営の幹部フレッド・フライツに、日本で最初に長尺インタビューを行ったのも世界日報だった。

統一教会の在米関連団体は、寿司店などに鮮魚を卸《おろ》す事業を広く展開しており、そこで得た収益を、米保守派を支援する活動にも回してきた。ＷＴは、レーガン、ブッシュ親子、トランプなど共和党有力者を支持する紙面づくりを行ってきたが、米主流メディアが総じて民主党応援団である状況下、稀有《けう》な存在だったと言える。

トランプやポンペオも、統一教会にメッセージを寄せるなどの「接点」が取りざたされるが、その背景は以上の通りで、特に不自然さはない。なお、一九〇七年に創業され、国際的通信社に発展したＵＰＩも二〇〇〇年以来、統一教会系団体の傘下にある。

安倍元首相に関して野党やマスコミが針小棒大《しんしょうぼうだい》に取り上げ、騒いだ「接点」も、米共和党の場合と同様、統一教会の「保守派応援活動」の文脈でとらえねばならない。

確かに、教祖文鮮明は、巨額献金や採算無視の投資など北朝鮮独裁政権に肩入れする重大な誤りを犯した。圧力強化を通じた拉致問題解決を唱えてきた安倍氏が、そんな団体と「接点」を維持したことは許されない、関係を断ち切るべきだったという批判は、一つの論点ではある。

しかし政治家は、全体のバランスにおいて評価せねばならない。安倍氏は、米上院が全会一致で採択した「安倍首相追悼決議」も明記する通り、国際的な対北制裁網構築を主導した。統一教会との「接点」など些末《さまつ》なエピソードに過ぎないだろう。

一方、日本の左翼政治家は、無償援助で北朝鮮を「愛」の輪に入れられるという文鮮明同様の幻想を抱き、北の独裁者に奉仕し続けてきた。文鮮明と「接点」どころか、同じ北朝鮮行きバスの運転手と車掌の関係だった。

朝鮮半島絡《がら》みで「ズブズブの関係」を言うなら、左翼議員と朝鮮総連の長年の癒着こそ、問題にせねばならない。いまだ現職議員の福島瑞穂、辻元清美両氏に代表される旧社会党勢力は、拉致問題にも一貫して冷淡であった。それどころか風化や矮小化《わいしょうか》に努めてきた。厳しく剔抉すべきはそこだろう。

人権侵害制裁法がない国

本章の最後に人権侵害制裁法についても触れておきたい。

「中国に対し言うべきことは毅然と言う」（岸田文雄内閣の林芳正外相）といった言葉がよく首相や閣僚から聞かれるが、水面下であれ実際に毅然たる言動を行えば、中国側が猛反発してくるからすぐ分かる。林氏の場合、何も北京が反応しなかった以上、少なくとも「毅然度」が足らなかったとは言えよう。続いて外相の任に就《つ》いた上川《かみかわ》陽子、岩屋毅両氏なども同様であった。

二〇二一年二月一日、全く不十分な内容とはいえ、衆議院で「新疆《しんきょう》ウイグル等における深刻な人権状況に対する決議」が成立したのを受け、立憲民主党が、二〇二二年二月九日、「人権外交・国際貢献力強化ワーキングチーム」を立ち上げた。

中国政府による非人道行為に制裁を科す「人権侵害制裁法」などに関して提言をまとめるという。

座長は松原仁《じん》衆院議員。松原氏は北朝鮮への制裁強化を推進してきた拉致議連の中心メンバーで、民主党政権時代は拉致担当大臣も務めた。松原氏が指摘するとおり、「G7で人権侵害制裁法をもっていない国は日本だけ」である。もっとも松原氏はその後、選挙区調整に関して党の東京都連（長妻昭《ながつまあきら》会長）と折り合いがつかず離党した（二〇二四年総選挙では無所属で当選）。立民党の人権外交ワーキングチームは休眠状態となっているようである。重要テーマだけに残念だ。

人権制裁のような法律は本来、超党派の議員立法で成立させるのが筋である。政府に作成を委《ゆだ》ねると、外務省中心に完璧に骨抜きされた案しか出てこない。アメリカでは、大統領に法案提出権がない制度上の理由もあるが、常に有志議員が主導してこの種の法を成立させている。

近年では、共和党のマルコ・ルビオ上院議員（第二次トランプ政権で国務長官に内定）が、対中制裁法案で中心的役割を果たしてきた。ルビオに限らず、米有力議員の事務所には本格的訓練を積んだ研究者や法曹経験者が少なからずおり、法案作成能力が高い。

岸田首相は鳴り物入りで「国際人権問題担当補佐官」を設け、中谷元衆院議員（その後石破政権で防衛相）を充《あ》てたが、「逃げ隠れ以外能がない日本版カマラ・ハリス」と言われるほど存在感がなかった。在日ウイグル人らとの面会を避け続ける中谷氏と官邸で面談した長尾敬《たかし》氏（元衆院議員）は次のように慨嘆《がいたん》している（長尾敬『永田町中国代理人』産経新聞出版）。

人権問題担当補佐官とは、とりあえず「やっている風」だけを見せる部署であると、残念ながらそう思わざるを得ませんでした。

中谷氏は当時野党議員だった山尾志桜里《やまおしおり》氏（二〇二一年に政界引退）などと共に一時、人権侵害制裁法に熱心な姿勢を打ち出していた。しかし、まさにその問題を担当する要職に就いた瞬間、無残に腰砕けしたようだ。長尾氏はこうも書いている。

中谷氏は就任後テレビ番組で、「一方的に価値観を押し付けて制裁するやり方も一つだが、寄り添って問題を解決する役割を日本は期待されている。紛争を助長したり、ことを荒立てたりするのがすべてではない」と発言されたのです。民族弾圧常習犯のどんな価値観に寄り添うのでしょうか？

中谷氏の言葉は、細部に至るまで外務省の立場そのものである。官僚機構の振り付け通りと言わざるを得ない。「同志」中谷氏の人権補佐官就任を歓迎するとポストした山尾志桜里氏あたりから、変節を難じる声が出なかったのも不思議だ。

第五章　戦争を招いた脱炭素原理主義

ハーバード大学の調査結果に衝撃

二〇二二年二月二十五日、米リベラル派の知的牙城《がじょう》と言うべきハーバード大学アメリカ政治研究センターが発表した世論調査結果が話題となった。実に米有権者の六二％が、「トランプが大統領ならプーチンのウクライナ侵攻はなかった」と答えたのである。

党派別の内訳を見ても、共和党員の八五％のイエスはまあ分かるとして、民主党員でも三八％、すなわち四割近くがイエスと回答している。

また、「バイデンが弱いと見てプーチンは動いた」と答えた人も五九％にのぼっている。

FOXニュースのような保守系メディアならともかく、バイデン政権を人材、政策両面で支えるハーバード大学の調査だけに、左派リベラル陣営においても数字の信頼性を批判しようがない。バイデン・ホワイトハウスが衝撃を受けたとされるのも当然だろう。

ではなぜ、トランプが大統領ならプーチンはあのように露骨な侵略には出られなかったと見なしうるのか。まずはトランプ自身の解説を聞こう。

同年三月十日、FOXニュースのインタビュー番組に出演したトランプは次のように語っている。

これは私が相手にしていた同じプーチンとは思えない。もし私が相手にし続けていたなら、彼は変わらなかったろう。いま起こっていることは犯罪だ。真に人道に対する罪だ。私は、プーチン、習近平、金正恩《キムジョンウン》などとうまくやってきた。それは彼らが善人だからではない。私は彼らのことが分かっていたし、それ以上に、彼らは私のことを分かっていた。愚かな行為に出れば、大いなる報《むく》いに見舞われることを知っていた。彼らは一〇〇％、常に自己利益しか見ていない。プーチンはロシアのことしか見ていない。今回の事態は、彼らが我々のリーダーを尊重していないから起こった。

要するに、先の世論調査の多数意見と同様、トランプも「バイデンが弱いと見てプーチンは動いた」と結論付けているわけである。

さらにトランプは三月十二日、サウスカロライナ州での集会演説で、バイデン政権下でのインフレ、不法移民大流入、アフガニスタン撤退作戦の大失敗などを挙げたあと、「米国史上最悪の大統領五人を合わせても、ジョー・バイデンがほんの十三カ月間に国にもたらした災厄には及ばないだろう」と述べている。共和党員はもちろん、民主党員も少なからず同意するのではないか。とりわけ、現地の米軍協力者をタリバンの毒牙《どくが》に委《ゆだ》ねる形で置き去りにしたアフガニスタンからの潰走《かいそう》は、アメリカの信頼性を大いに傷つけた。

ポリコレ・グレタ路線

故ロナルド・レーガン大統領が「弁舌さわやかだが、純粋なデマゴーグ」と喝破《かっぱ》したように、バイデンには自身の確固たる見解はなく、基本的に議会民主党の大勢《たいせい》が定まるのを待って、ポーズだけは断固たる調子で追従するパターンが目立った。

したがって、「予測不能」を意図的に武器にしたトランプとは対照的に、外部から行動(というより行動マヒ)が非常に読みやすい。

議会民主党内でコンセンサスが醸成されないうちは何も行動を起こさないし、大勢が決まったのを見て、ようやく数歩遅れで動き出す。

しかも、伝統的な共和党の枠に囚《とら》われないトランプと違って、民主党全体の動向に寄り添うため、左派が勢いを増すなか、国力を損なう自虐的な「ポリコレ・グレタ路線」(私の造語)に傾きがちになる。

「ポリコレ」は、「ポリティカル・コレクトネス」(政治的正しさ)の侮蔑《ぶべつ》を含んだ和製略語だが、「反差別」を錦《にしき》の御旗《みはた》にした、広範囲にわたる左翼イデオロギーの押し付けに他ならない。言葉狩りが、その目立った一側面である。

「グレタ」は、国際的に脱炭素原理主義運動のヒロインに祭り上げられたスウェーデンの若き環境活動家グレタ・トゥーンベリさんを指す。「脱炭素」が極左から進歩派に至る左翼圏の最大の運動スローガンとなって久しい。バイデンは無批判にその流れに乗ってきた。

ただアメリカの場合、議会共和党が歯止めの役割を果たしており、民主党政権がいくら脱炭素を掲げても、法律化され、予算が組まれる施策は限られてくる。またここが要注意だが、民主党側も、共和党が「否決してくれる」ことを見込んで、左翼支持層にアピールするために極端な法案を出してくる場合が少なくない。

二〇一九年に最左派議員たちが提出し、カマラ・ハリス上院議員（当時）ら民主党の多数が賛意を表した「グリーン・ニューディール」決議案など、その典型である。十年以内の火力発電所廃止、脱航空機などを盛り込んだ、誰が見ても非現実的な内容であった。真面目に実行するなら、アメリカ経済は成り立たない。

これを、当時上院で議事運営権を握っていた共和党が、個々の議員の賛否を明らかにしようと採決に持ち込んだところ、自ら提出した決議案でありながら、民主党議員四十七人中四十三人が棄権した（共和党は全員反対）。

要するにハリスを含む大多数の民主党議員は、左翼方面にアピールするため、「グリーン・ニューディール」という響きの美しい案を推進したというイメージが欲しかったに過ぎず、実際に賛成票を投じれば選挙で不利になると判断し、棄権を選んだのである。

残念ながら、共和党のような巨大な保守的抵抗勢力を議会内に持たない日本の現状はアメリカ以上に危うい。自民党から共産党まで「グレタ族」と言っても過言ではない。

米民主党を行政府の立場から代表してきたバイデンやカマラ・ハリスの弱さとは、イコール「ポリコレ・グレタ路線」がもたらすアメリカの「体幹の弱まり」を意味すると言えるだろう。

その意味で、トランプとバイデン、ハリスの違いは、単に「トランプは予測不能で怖い」といった個人的印象の次元に留まらない。アメリカという国家の強靱《きょうじん》さをめぐる、より実質的な姿勢の違いがある。

作られたトランプのイメージ

あらゆる対ウクライナ・シナリオのなかから、なぜプーチンは最も冒険主義的な侵略通路を選んだのか。最大要因の一つに、バイデン政権が主導したG7（自由民主主義主要七カ国）エネルギー政策の混迷があると思われる。

トランプ時代のアメリカは、米国内のシェールガス、オイルの掘削《くっさく》推進によって世界最大の産油国となり、エネルギー自立をほぼ達成して輸出国に転じた。当然、ロシアから化石燃料を輸入する必要などなかった。余剰分《よじょうぶん》を他国に回す余裕もあった。

また、トランプ政権（および上院で多数を成した与党共和党）においては、テクノロジー開発を通じたエネルギーの効率利用こそが先進国型の国際貢献との発想が根強く、市場原理重視の立場から、無理な炭素削減を国内産業に強《し》いることをしなかった。それが規制緩和全般と相まって経済の活況につながった。そこで生まれた財政的余裕を背景に、国防費をトランプ時代の四年間で二倍に増やした。

ちなみに、第二章でも触れたとおり、石炭から天然ガスへの転換を主要因として、トランプ時代にアメリカの炭素排出量は減少し、年間削減量で世界一位を記録するに至っている(国際エネルギー機関報告)。

「トランプは石油、石炭をガンガン燃やして炭素排出量を増やした」は作られたイメージに過ぎない。

ところが、バイデン政権に替わって一転、国内化石燃料会社に様々な環境主義的規制を課し、同時に、国際的にも反炭素の旗を盛んに振るに至った。

当然、米国内の石油・天然ガスの産出量は減り、新たな油田への開発投資も国際的に大きくしぼんでいった。品薄によるガソリン価格高騰や、輸送コスト高を通じた物価全般の上昇はその当然の帰結であった。

インフレの政治的インパクトについて訊かれると、バイデンは直《ただ》ちに不機嫌になり、質問者を「馬鹿なクソ野郎」(a stupid son of a bitch) と罵《ののし》るなど攻撃的な形で責任回避するのが常であった。

ちなみにこの発言は、二〇二二年一月二十四日に、保守派のFOXニュースの記者が投げかけた「インフレは十一月の中間選挙に向けて政治的マイナスになると思うか」という極めて常識的な質問に対して、小声で吐き捨てたものだが、バイデンの器《うつわ》の小ささを表すとともに、民主党支持の主流メディアとバイデンのもたれあい構造を改めて示したものでもあった。

これがトランプの発言なら、主流メディアは世紀のスキャンダルのごとく騒ぎ立て、弾《だん》劾《がい》の声すら上げただろう。ところが、発言者がバイデンだったため、他愛《たあい》ないエピソード程度の扱いで済ませ、何ら追及の声を上げなかった。

こうした主流メディアの「バイデン甘やかし」が、緊張感を欠く外交の一因にもなってきた。まずエネルギー問題とウクライナ危機の関係について整理しておこう。

先に触れたとおり、トランプ時代のアメリカはエネルギー自立を達成し、輸出国にまでなったが、バイデン政権が脱炭素原理主義に迎合した結果、輸入国に転じた。

二〇二二年三月八日、バイデン大統領は、ロシアからの石油、天然ガスの輸入禁止を発表した。その際、こうポストしている。

> 今日の決定は、ここ、国内でもコストを伴わずにはおかない。プーチンの戦争は、すでにガソリン価格上昇の形でアメリカの家庭を傷つけている。今回の禁止決定でコストはさらに上がるだろう。したがって、わが国におけるプーチン値上げを最小にするため、私はあらゆる手段を尽くす。

何重にも「純粋なデマゴーグ」バイデンの面目躍如たる文章である。

当然ながら、保守派から一斉に批判の声が上がった。当時、共和党の次期大統領候補の一人だったニッキー・ヘイリー元国連大使は次のようにポストしている。

間違ってはいけない。バイデンの反エネルギー政策は、プーチンの戦争が始まる前から我々の財布を傷つけていた。アメリカのエネルギー産業から首輪を外さない限り、給油所で一層高い料金を払わされることになる。

同じく共和党の有力大統領候補だったマルコ・ルビオ上院議員もこうポストした。

バイデンは、ガソリン価格を下げるため、何をすべきか知っている。そのためには極左と戦わねばならない。

しかし、バイデンにはそれができない、と言うのである。

侵略に使われた米マネー

バイデン政権発足以来の規制強化を受けて、米国内の石油、天然ガスの生産量は、トランプ時代に比べ大幅に減った。

その状態を基本に、ガソリン価格、電気料金の高騰をある程度抑えようと思えば、国内の減産分を輸入で埋めるしかない。

そのため、バイデン・アメリカは、ロシア産天然ガスを多い時で日量六十七万バレル、禁輸発表時点においてもなお日量二十万バレル程度を買い付ける状態となっていた。

これが、アメリカはロシアにエネルギー制裁などできないとプーチンに高《たか》をくくらせ、ウクライナ侵略の一誘因となった。そして米側がロシアに渡した石油購入代金は、プーチンによってその戦費に回された。

ロシアとドイツを結ぶ天然ガス・パイプライン「ノルドストリーム2」も、バイデン政権が制裁の対象から外し、黙認姿勢に転じたことで、本格運用に向けて動き出すに至った。

その結果、ドイツの対ロシア・エネルギー依存度はますます高まり、プーチンに、アメリカを中心とするNATO（北大西洋条約機構）も、ドイツを中心とするEU（欧州連合）も、もはや自分の侵略行為に制裁を以《もっ》て応じるなどできないと過信させたと思われる。

なお、化石燃料の利用減少分は再生可能エネルギーの利用拡大で補うというのがバイデン政権の公約であったが、政権を構成する左翼の一部が、蓄電池や太陽光発電装置に必要なレアメタル、レアアースの採掘は環境破壊を生むと反対姿勢を強め、再エネ開発分野も足踏み状態となった。一口に環境左翼といっても、力点の置きどころは様々で、すべてに良い顔を見せると何ごとも動かなくなる。

またバイデン政権は、石油・天然ガス産業を、金もうけのために炭素をまき散らす非道徳な存在と非難しつつ、選挙のたびに緊急避難的な増産を要請してきた。企業側にとってはあまりに虫の良い話であるうえ、ここでもまた、政権を構成する左翼の一部が、資機材運搬に当たってディーゼル車の使用は認めないといった環境規制を振りかざしたため、新規掘削に取り掛かろうにも取り掛かれない状況が生まれた。まさに左翼イデオロギーがもたらした八方塞《はっぽうふさ》がりであった。

アメリカに限らず左翼政権下では、保守派と進歩派の対立に加えて、左翼内部の相克《そうこく》で物事が動かなくなる傾向が強い。他山《たざん》の石《いし》とすべきだろう。

ロシア批判の裏で犯罪政権にカネを渡す

国内の化石燃料産業が、いま述べた理由で本格的増産に向かえないなか、バイデン政権は、独裁テロ国家イランや反米・親中露路線のベネズエラに石油増産および輸出拡大を促《うなが》す挙に出た。矛盾の国際的拡散である。

ベネズエラのマドゥロ大統領は二〇二二年三月二日、テレビ演説で「我々はロシアに対する制裁を拒否する。ロシアとの通商関係を維持し、必要とする物を何でも売る用意がある」と強調し、国際的ニュースとなった。ベネズエラは、国連総会のロシア軍撤退決議にも反対票を投じている。

そのマドゥロ政権のもとにバイデンは、国家安全保障会議（NSC）の高官を政府専用機で派遣し、石油の調達交渉を行った。誰が見ても無節操だろう。

ルビオ議員は、ロシア絡《がら》みの失敗を糊塗《こと》するため、別の腐敗した犯罪政権にカネを渡す愚行はやめよと批判したうえで、次のように述べる。

　イランから、あるいはベネズエラから出る一バレルの石油も、アメリカから出る一バレルの石油も、気候変動に与える影響は全く同じだ。唯一の違いは、そこから誰が仕事と金銭を得るかだ。すぐさま、アメリカで石油を増産せよ（三月八日）。

神権ファシズム国家イランは、核兵器の秘密開発に加え、イスラエル殲滅《せんめつ》を掲げる傘下のテロ勢力への支援においても、中東最大の不安定要因である。

そのイランが石油輸出を拡大し、資金を得られるよう積極的に後押ししたバイデン政権の姿勢には、当然ながら、ルビオのみならず、共和党全般から強い批難の声が上がった。

第一次トランプ政権でCIA長官、国務長官を歴任したマイク・ポンペオは以下のようにポストした。


大統領は別の血に飢えた独裁者、イランのハメネイから世界が石油を買うことを許そうとしている。ロシアの指導者たちと交渉し、取引をまとめたという。信じがたいことに、そのロシアから我々はまだ石油を買っている。我々にはアメリカの石油がある。それを使え。馬鹿なのか(三月五日)。


バイデンはまた、親米国家に位置付けられる大産油国のサウジアラビア、アラブ首長国連邦(UAE)にも増産に向けた首脳会談を申し入れたが、いずれにも断られている。

国際的に反炭素の旗を振り、産油国を悪魔扱いしておきながら、いまさら何だという反発に加え、両国と戦闘を続けるイラン傘下の武装組織フーシ派をバイデン政権がテロ団体指定から外したことに、改めて不快感を示したものであった。

バイデン政権のレイムダック化と並行して、中東は二〇二三年十月七日のハマスによるイスラエルへのテロ攻撃を嚆矢《こうし》として、ハマス、ヒズボラ、イラン本体によるイスラエル攻撃とイスラエルによる反撃でさらに混迷の度を深めていった。トランプ時代の安定は雲散霧消《うんさんむしょう》した。

石油の九割以上を中東に依存する日本で、トランプよりバイデン、ハリスの方がよいという議論が「識者」の大勢を占めていたのは理解不能という他ない。

イラン核合意の真実

ここで、イラン核合意に触れておこう。

オバマ政権末期の二〇一五年夏、米・イランに英仏独中露を加えた七カ国で合意されたイラン核合意は、イランに核廃棄どころか核凍結すら求めない、すなわち核活動の「時限的縮小」を求めるに過ぎない内容だった。

一方で、イランに対する国際制裁はほぼ解除した。バイデンは副大統領として、この交渉に少なからず関与した。

逆に、イラン核合意を「アメリカ外交史上最悪のディール」と批判したトランプ政権は、一方的に離脱を宣言し、以後、イランに対する制裁を復活させたのみならず、数次にわたって強化した。イランと取引する第三国も制裁対象とした。そのため、中国などもイラン産原油の輸入を停止した。イランは深刻な財政危機に陥《おちい》り、配下のテロ勢力を支援する余裕を失った。これがトランプ時代に中東情勢が落ち着いた最大の理由だったと言える。

ところが後を襲ったバイデン政権が宥和《ゆうわ》政策を掲げて、再び対イラン制裁を緩めてしまう。中国はじめ少なからぬ国がイラン産石油の輸入を再開した（イランの原油輸出の三分の二が中国向け）。再び国庫が潤《うるお》ったイランは傘下テロ集団のテコ入れに乗り出した。

バイデン政権は、制裁緩和を呼び水にイラン核合意の微修正を他国に受け入れさせ、「抜け穴を塞《ふさ》げた」と宣言して復帰するシナリオを描いていたが、イランが、脱退したアメリカにはいかなる協議への参加資格もないと拒否したため、手詰まりに陥った。

ニュースでしばしば、アメリカとイランの「間接協議」という言葉が使われたのはそのためである。他の六カ国が協議するホテルの部屋に米政府代表は入れてもらえず、別室で待機するさまを、保守派はバイデン外交を象徴する屈辱的情景と批判した。

直接協議を拒まれるなかで、バイデン政権は国際原子力機関（ＩＡＥＡ）のあるウィーンで、他ならぬロシアに、イランとの仲介役を依頼した。これも、プーチンがバイデンを蔑《さげす》む一因となったろう。

ロシアのウクライナ侵略が迫る状況下でも、バイデンが任命したロブ・マリー・イラン担当特使は、プーチン配下のミハイル・ウリヤノフ交渉代表に接触を求め、イラン問題で様々な要請を行っていた。

イラン核合意に、体面を維持しつつ何とか復帰したいバイデンは、ロシアの大抵の行為に目をつぶるだろうとプーチンが考えたとしても不思議はない。

トランプ時代には、アメリカはロシアの石油、天然ガスに一切依存するところがなかった。したがってロシアに対し、いつでもエネルギー遮断を含む本格的制裁を掛けることができた。

イランはどこまでも制裁対象であって、協議が必要な相手ではなかった。したがって、仲介を示唆《しさ》するロシアに「世話になる」必要もなかった。

「トランプが大統領ならプーチンのウクライナ侵攻はなかった」と言われる背景には、トランプの「予測不能性」といった要素に加え、以上のような構造的要因があった。バイデンはそれらの構造をことごとく壊した。まさに「アメリカ版許されざる者」と言えよう。

脱炭素原理主義に迎合したバイデン流の支離滅裂《しりめつれつ》なエネルギー政策は、対ファシズム陣営に対する外交を倒錯した方向に導き、国際危機を連鎖的に発生させかねない。自由主義圏が教訓として心すべき点である。

間違った「情報開示」

進歩派の「識者」たちは、バイデンはトランプに比べ、同盟国、友好国との協調関係を重視し、意思疎通に努めるだろうと解説してきた。はたして実態はどうだったか。ウクライナ戦争を例に検証してみよう。

バイデン政権は、戦端が開かれる数カ月前から、ロシアによるウクライナ全面侵攻が迫っていると警告していた。そのとおりとなったわけだが、これは予見能力を褒めるべき話ではなく、むしろバイデンの「弱さと方向感覚の欠如」が自己実現的に招来した事態であった。

バイデン政権の初期対応中、唯一、超党派で評価されたのは、ウクライナ側の「犯罪行為」を口実に攻撃に出ようとするロシアの偽装工作を暴き、牽制《けんせい》した一連の情報作戦である。

しかし同時に、ブリンケン国務長官（当時）らが公の場で、NATOは何ができないかを語り続けたのは、間違った方向での「情報開示」であり、現状では弱い手の内を、より強い手への急転換もありうる状況下でなぜ明かすのか、プーチンにさらなる侵略への誘惑を与えるだけではないか、と強く批判の対象となった。

たとえば、ウクライナ上空の「飛行禁止区域」設定について、ブリンケンはNATO本部での記者会見で、「飛行禁止区域のようなものを実行する唯一の道は、NATOの航空機をウクライナ領空に入れ、ロシアの航空機を撃ち落とすことである。それはヨーロッパにおける全面戦争となりかねない。バイデン大統領は、我々はロシアと戦争するつもりはないと非常に明確にしてきた」と強調した。

当然ながら、「非常に明確」ではなく、NATOが踏み込んだウクライナ支援に出る可能性がある、とプーチンおよび周辺に思わせる「それなりに曖昧《あいまい》」な言い回しを用いるべきだったとの批判が出た。侵略者に安心感を与えることに、何の益もない。

ポーランド政府が、保有する旧ソ連製の戦闘機「ミグ29」全機を、米国を介してウクライナに提供する用意があると表明し、それをバイデン政権が、ロイド・オースティン国防長官（当時）の名で拒否した件も大いに問題になった（二〇二二年三月九日）。

その直前に、ブリンケン国務長官がテレビで、ポーランド案の実施は「あり得る」とし、同国がウクライナに提供するものは何であれ、米側が穴埋めする用意があると語っていた。この発言は国際的に、ウクライナへの戦闘機供与に前向きの発言と受け止められた。その三日後に、急転直下、国防長官が、ポーランド提案は受け入れられないと表明したのである。

こうした機微《きび》な案件は、政権内部で充分調整したうえで発信しなければならない（あるいは、発信抜きに実行する、という決定をしなければならない）。ところが実際には、明らかな混乱を露呈した。

このエピソードは、NATOの盟主たるべきアメリカが、統制力を欠くバイデンのもと、機能不全に陥っている状況を白日《はくじつ》の下《もと》に晒《さら》した。「トランプと違って同盟重視」が売り物だったバイデン政権だが、その実際の同盟運営は非常に不安定だった。

「優れた大統領」候補の正体

バイデン大統領以上の不安材料、というより呆《あき》れた存在は、カマラ・ハリス副大統領（当時）だった。

二〇二二年三月十日、訪問中のポーランドで、ウクライナ難民への具体的対処を訊かれたハリスは、例によって空虚な高笑いで誤魔化《ごまか》しを図った。ゼレンスキー・ウクライナ大統領の前報道官が、「この女性が大統領になったら悲劇だ」と即座にポストしている。米国内でも強い批判の声が上がり、最も深刻な人道問題を目の前にしてもケラケラ笑って恥じないこの人物は医学的な感覚障害ではないか、との論評すら見られた。知識と自信のなさからくる反射的な自己防衛行動としての高笑いだろうが、時と場合をわきまえないにも程がある。非常に見苦しかった。

本人の不見識は言うまでもないが、この重大時に、安全保障に何の見識も持たない「歩くポリコレ」ハリスを数度にわたって欧州に送ったバイデンの無責任も、論外の域に達していた。

二〇二四年の大統領選挙でハリスはトランプに大敗したが、そもそも副大統領として歴代最低支持率を更新していた人物を「優れた大統領」候補に仕立て上げようというフィクションに無理があった。

第六章　移民無法地帯

最大の失敗

移民問題は、対処を誤れば国家の崩壊にもつながりかねない重大テーマである。比較的雇用機会が多く、福祉の充実した先進国にとっては、それは巨大な流入圧力、潜在的には数十億人規模の流入圧力となって表れる。

アメリカでは「移民に優しい」バイデン政権の発足後、不法越境者が、二〇二四年十一月までの四年弱の累計で一千五百万人前後に達した。強制送還を免れて不法滞在し続ける人々の数も増え続けた。まさに「国境危機」である。

国家が一定レベルの福祉を維持するには、対象たる国民の数を限定せねばならない。国外からの流入を無原則に認めれば、いくら本来の住民に増税しても追いつかない。再度強調すれば、かつては、「文明」を旗印に先進国が後進国を植民地化したが、いまは「人権」を旗印に後進国が先進国の植民地化を図る時代である。「難民申請者」を鷹揚《おうよう》に受け入れる国と認識されれば、途上国から「難民」が殺到する。冷厳な事実であり、綺麗ごとは許されない。

以下、「アメリカの今」を悪《あ》しき参考例として取り上げるが、まず日本の現状に簡単に目を向けておこう。

岸田文雄首相（当時）は二〇二三年七月二十二日、東京都内の会合で、「人口減少に対し、社会が適合する動きを並行して進めていかないと不都合が生じる。外国人と共生する社会を考えていかなければならない」と述べた。

さらに、「つい先日、サウジアラビア、アラブ首長国連邦、カタールの三カ国に行ってきた。アラブ首長国連邦は人口一千万だが、自分の国の国民は百万しかいない。九百万人の外国人と共生している。カタールも人口三百万人だが、自国民は三十万人しかいない。全体の九割を占める外国人と共生している。そうした国も世界にはある」と語り、なぜそうした移民多数の国に肯定的（少なくとも無批判）に言及するのかと、基本的方向感覚に疑問を抱かしめた。

合法移民をいかに、どれだけ受け入れるかと並んで、不法滞在者や難民申請者にどう対処するかは、しっかりした制度設計と厳格な運用を要する国家的課題である。

二〇二三年六月九日、「出入国管理及び難民認定法」の改正法案が参議院で可決成立し、不法滞在者の扱いが、法律の字面《じづら》においては、ある程度厳格化された。

従来は、外国人が難民認定を申し出た時点で本国への送還手続きが停止され、申請が認められず在留資格を失っても、申請を繰り返すことで滞在を無期限に延長できた。収容施設を出て一般社会で暮らすことを許す「仮放免」も広範に行われた。

改正法によって、難民申請は原則二回までと限定され、「相当の理由のある資料」が提出されない限り入管当局は三回目の申請を認めず、強制送還の手続きに入ることとされた。一定の改善と言える。

ところが一方で、八月四日、齋藤健《けん》法相（当時）が、日本生まれで在留資格がなく、強制送還の対象となる十八歳未満の外国籍の子供に対し、法相の裁量で例外的に在留を認める「在留特別許可」を与える方針を発表した。同時に、それら子供たちの親にも在留を認めた。

対象となる親たちは、「短期滞在」や「留学」で入国し、在留期間が過ぎて不法滞在となったあとも難民申請を繰り返して日本に留まり、結婚、出産したケースが多いとされる。

齋藤法相は「一回限り」の措置と強調したが、こうした甘い措置は先例となり、さらなる甘い措置へとつながりやすい。

アメリカでも、保守派が偶像視するロナルド・レーガン大統領が犯した最大の失敗と言われるのが、長期の不法滞在者に「特別在留許可」を与えた措置である。国境管理の厳格化と引き換えに民主党と妥協したものだったが、その後、国境管理強化の約束は反故《ほご》にされ、一方、「聖域市」（不法移民にとって聖域の意。不法滞在を犯罪と見なさず、できる限り一般市民と同等に扱う旨《むね》を宣言したリベラル都市。詳しくは後述）の拡大という形で、「特別在留許可」のほうは先例化した。

不法移民に優しい日本のメディア

日本でも危うい兆候はふんだんにある。たとえば「不法移民に優しい」東京新聞は、次のような記事を繰り返し載せている（二〇二三年八月五日付）。

（在留資格のない両親の下《もと》、日本で生まれ育った）ペルー国籍の高校二年生の優菜さん（十六）＝仮名＝は「将来が少し見えてきた」と希望を語る。……一方で、まだ大きな心配がある。優菜さんの兄は二十歳だが、救済対象は十八歳未満に限定される。「兄も日本生まれなのに就職も禁じられ苦しんでいる。対象に含めて」と願う。

ペルーは、北朝鮮のような人権抑圧国ではない。本国に送還しても人道問題は生じない。

家族一緒にペルーに帰国したうえで、合法的な移民申請の列に並んでもらうのが筋だろう。

米保守派はこうした場合、「横入りは不公平」論を用いる。合法移民の資格を得るべく申請の列に並んでいる多くの外国人がいるなかで、不法滞在者に特別在留を認めれば、横入りを認めることになる。それは、真面目に並ぶのは馬鹿馬鹿しいという感覚を蔓延《まんえん》させ、事実上、違法な手段の奨励につながる。秩序ある移民政策は成り立たない。

強制送還は非人道的なのか

先の東京新聞の記事は、続いて別の例も挙げている。


日本生まれでない子どもも対象外となる。トルコの少数民族クルド人で埼玉県で暮らすトーンチュ・ワッカスさん（五十）は難民申請が認められないまま十年以上日本で暮らす。中高生となった子どもたちは、幼少時から日本で育つが日本生まれではない。

「いまトルコに帰らされれば私は逮捕され、子どもたちも言葉ができず苦労する」と不安を語る。

この家族にも日本在住を認めよ、というのが東京新聞が示唆《しさ》するところである。アメリカでも、バイデン政権に寄り添うニューヨーク・タイムズやCNNなどの進歩派マスコミが、本国への送還は非人道的と匂わせつつ、こうした「気の毒な実話」をよく取り上げる。

しかしトルコは、国際標準に照らして自由民主主義国といえ、テロ組織と規定するクルド労働者党（PKK）のメンバーには厳しく対処するものの、クルド人一般を取り締まりや弾圧の対象とはしていない。

独自の国を持たない最大の民族と言われるクルド人は、トルコ、シリア、イラクなどにまたがって居住するが、そのなかでは最も政治的、経済的に安定したトルコに在住するクルド人の「生きにくさ」レベルを難民認定の基準とすれば、世界の相当部分の「少数派」を日本に受け入れねばならないことになる。不法移民に寛容なバイデン政権ですら、トルコ系クルド人は原則として難民と見なしていない。

日本で生まれ育った子供たちは、本国に還されると言葉もできず苦労するだろうから強制送還は非人道的だという議論は、人間社会の現実に合わないものと言わざるを得ない。

日本でできた友達と、将来再会の可能性はあるにせよ、別れねばならないのはたしかにつらいことではあろう。しかしそれは、親の仕事の関係で幼少期を海外で暮らす帰国子女一般に言える話である。さらには、転校生一般についても言える話である。帰国や転校を非人道行為と規定するならば、流動性ある社会は成り立たない。外国で幼少期を過ごした子供が母国の言語環境にいかに適合するかも、帰国子女一般に共通する課題である。

あえて言えば、近い将来の帰国（送還）を視野に入れ、家庭で母国語を教えなかったとすれば、それは親の責任だろう。実際は、多かれ少なかれ、教えているケースが多いと思われる。日本で幼少期を送った経験は決して無駄にはならない。将来、日本人や日本企業を相手にした仕事などに活かせるはずである。

北朝鮮から迫害を逃れてきた人々やイラン、アフガニスタン、中国などの国籍を有する民主活動家などの場合を除き、不法滞在者の本国送還を人権問題と捉《とら》えるのは、現実から遊離した国境管理理論である。

人権問題として扱うべきは、国連難民条約の定義に当てはまる場合、すなわち「人種、宗教、国籍もしくは特定の社会的集団の構成員であることまたは政治的意見を理由に迫害を受けるおそれがあるという十分に理由のある恐怖を有する」場合に限り、厳正に審査するという原則を再確認すべきだろう。

そこを揺るがすと、経済的理由から先進国移住を望む人々の無限定な流入を許し、国境が溶解することになる。

姿を消した移住希望者

さて、アメリカの状況だが、二〇二三年一月、バイデン大統領が、米・メキシコ国境に押し寄せる不法移民をドイツから脱出するユダヤ人に喩《たと》えて、保守派から強い批判を浴びた。

ハイチから出るハイチ人、ニカラグアから出るニカラグア人をナチス・ドイツの暴力的絶滅政策から逃れるユダヤ人に喩えるのは、ホロコーストに対する許しがたい矮小化《わいしょうか》であると同時に、ラテンアメリカ諸国に対する卑劣な中傷だ（トランプ大統領の側近スティーブン・ミラー《政策担当大統領次席補佐官に内定》）。

不法越境増大を招いた自らの偽善的姿勢を棚に上げて、①ホロコーストを政治利用し、②中南米諸国の体制をいわれなく誹謗《ひぼう》した、との批判である。

共和党議員からは他にも、「バイデン的な発想が、我々の国境を合法的に守ることを妨《さまた》げている」といった声が多数上がった。

メキシコと国境を共有し、不法越境の最前線であるテキサス州選出のテッド・クルーズ上院議員は、「バイデン国境危機は、バイデン大統領が作り出した人為的危機だ。彼は完全に間違った三つのことをした」として、次の三点を挙げている。

①国境の壁の建設をやめた。

②キャッチ・アンド・リリース（再放流）を復活させた。

③「メキシコに留める」政策をやめた。

キャッチ・アンド・リリースはもともとフィッシング用語で、釣った魚を持ち帰らずその場で放流する行為を指すが、転じて、拘束した不法滞在者を強制送還したり、収容施設に入れたりせず、米国内に仮赦免《かりしやめん》する政策を表す俗語として定着した。

「メキシコに留める」はトランプ政権がとった越境者対策で、入境を試みた外国人が難民申請した場合でも、審査の順番が来るまで、米国内の収容施設ではなく、メキシコ側で待つよう求めたものである。

バイデン政権は、移住希望者の多くが国境近辺でキャンプ生活を送ることになるため非人道的だとしてこの政策を打ち切り、米国内の知人宅などで審査を待つことを許した。当然ながら、かなりの越境者が指定された日に審判所に現れず、そのまま米国内のどこかに姿を消した。

殺到する「出産ツアー」

また、子供を連れていると、日本の齋藤元法相（というより岸田政権）同様、バイデン政権の甘い対応を期待できるため、知人の子供を借りて入境する例も少なからず見られた。そうした「連れ子」を斡旋《あっせん》するブローカーも暗躍している。

入境して仮赦免となったあと、足手まといになるため放置された子供が路上で保護されたといったニュースもあとを絶たない。

アメリカの国籍法は、米国領内で生まれた子供に自動的に市民権を与える無条件の出生地主義をとる（生得市民権制度）。そのため、不法滞在者であっても、米国内に潜伏中に子供が生まれれば、その子は米国市民権を得られ、親だけ強制送還するわけにはいかないため、親子ともども米国で暮らせることになる。

赤ん坊が家族全体を異国に「停泊させる錨《いかり》」になるという意味で、「錨ベイビー」（anchor

baby）という言葉（左翼は差別的と批判）がアメリカの政治辞書に定着して久しい。

アメリカへの「出産ツアー」をアレンジする旅行会社も現れ、中南米系の越境者以外に、とりわけ中国人、韓国人のケースが組織的、計画的として批判対象になってきた。日本でも遠からず社会問題化するだろう。齋藤元法相が取った「特例措置」は、その先駆けとなりかねない。

「不法越境者が生む子に自動的に国籍を与えるほど馬鹿な国はアメリカだけだ」と、トランプら保守派は、不法移民や旅行者は「生得市民権」の適用除外とすべきだと唱えてきたが、リベラル派の抵抗は強く、法改正の目途《もくと》は立っていない。左派は憲法改正が必要と主張しており、そうなると上下両院で三分の二以上の賛成が必要となる。最高裁はいまだ明確な憲法判断を示していない。

高齢外国人が次々に移住

なおアメリカでは、合法移民に関しても、すでに市民権を得た人の親族を優先する「連鎖移住」制（chain migration）が、議会でリベラル派が圧倒的多数を占めた時代に法制化されているため、入国後すぐに福祉に頼る高齢外国人が、「雇用されうる能力」の高い人々を押しのけて移住を果たす現象が見られる。

「我々の福祉システムに只乗《ただの》りする者が、汗水垂らして働くアメリカ市民の負担を増やすことがあってはならない」というトランプらの主張に共感する人も多いが、なかなかリベラル派の岩盤を崩すに至らない。下院は単純過半数で法案を可決できるが、上院は六十人（五分の三）が賛成しないと審議を打ち切って採決に入れない独自の院内規則があるため、共和党がわずかに多数の状況では事態を動かせない。一旦制度化され、既得権益として定着すると、巻き返しは至難の業《わざ》である。「アメリカの失敗」を、日本の政界は拳々服膺《けんけんふくよう》すべきだろう。

バラマキ福祉を期待する人々は民主党に投票する傾向が強い。そのため、経済的に余裕のない移民の増大はリベラル政治家の票田拡大につながる。実際、市民権を得た中南米系移民の七割が民主党に投票すると言われてきた。福祉制度を当てにする移民が増えるほどリベラル派の議員が増え、さらにバラマキ福祉の制度化が進むという悪循環が見られる。

日本でも、左翼政党ほど移民受け入れに熱心で、不法移民にも甘いが、国益より党利党略を優先する点で国際的現象と言える。よほど保守派が強く巻き返さない限り、日本でも国境溶解が着実に進行していくだろう。

経済界も全体として、安価な労働力を求めて、途上国からの移民を歓迎しがちである。それら移民の社会保障については、政府（すなわち納税者）に丸投げを図る「虫の良さ」も、近視眼的な経営者が陥《おちい》りやすい陥穽《かんせい》である。不法移民を雇用した場合の罰則についても、できるだけ軽微に留めるよう政界への働きかけが行われる。

この点、米共和党でも、既存エリート層（エスタブリッシュメント）は経営者群の意向に寄り添う度合いが強く、外国人労働者受け入れに前向きの対応を取ろうとしてきた。こうした「エリート間のなれ合い」に反発を強めた草の根保守層が大挙反旗を翻《ひるがえ》したのが、トランプ現象に他ならない。

二〇一六年にトランプと共和党の大統領候補指名を争い、緒戦で敗退した共和党エリート層「一押し」のジェブ・ブッシュ元フロリダ州知事の次の言葉は、岸田前首相ら自民党「主流派」の発言と非常にトーンが似ている。

移民増大阻止に傾く政策は自滅的だ。先進国はどこも少子化傾向にあり、今後移民の取り合いになろう。移民枠の拡大こそが不法移民流入に対する最大の抑止力ともなる。本国への強制送還は可能でないし、アメリカの価値にも反する。話題にすること自体、民主党を利する。

日本の政界の多数は、この言葉に共感を覚えることだろう。実に危うい。

不法移民「聖域市」の現実

アメリカでは、バイデン政権およびリベラル派が強い地域の不法移民「聖域市」と、テキサスなど「国境戦争」の最前線にある州の間で、時を追うごとに攻防が激しさを増した。その実態を見ておこう。

「綺麗ごとを言う以上、責任も分かち合ってもらう」との立場を鮮明に打ち出したテキサス州のグレッグ・アボット知事（共和党）の指示で、テキサス州は「聖域市」に向けた不法越境者移送を進めてきた。移送者の数は、首都ワシントンに一万二千五百人以上、ニューヨーク市に四万五千九百人以上、シカゴ市に三万六千九百人以上、フィラデルフィア市に三千四百人以上、デンバー市に一万九千二百人以上、ロサンゼルス市に一千五百人以上の計十一万九千四百人以上に上る（二〇二四年十一月現在）。移民を送り込まれた側の都市は、いずれも民主党市長を担《かつ》ぐ「聖域市」である。

共和党の大統領候補に名乗りを上げていたフロリダ州のデサンティス知事も、テキサス州から自州に入った越境者の一部を同様にバスや航空機をチャーターして、北方の「聖域市」に送り込んできた。

その副産物、というより当然の帰結として、リベラル派内部での責任の押し付け合いが激化するに至った。

ニューヨークのエリック・アダムズ市長（民主党）は、流入する移民が収容施設のキャパシティを超え、路上にあふれる事態となったため、周辺のリベラル都市に分散受け入れを求めた。しかし、それらの市もほどなく収容能力の限界に達し、さらなる受け入れは困難となった。

そのため、これら民主党の市長たちはキャシー・ホーカルニューヨーク州知事（民主党）に対し、州当局の責任で抜本的対策を取るよう要請した。対応に窮したホーカル知事は二〇二三年八月、連邦政府に、移民に関する「非常事態宣言」の発令や緊急措置を求めてワシントンを訪れた。しかし、バイデン大統領は多忙を理由に、面会を断る。

ここに至って、知事を筆頭にニューヨーク州の民主党首長らが一斉にバイデン批判の声を上げることとなった。アダムズ市長は、「この一年で十万人の難民申請者がなだれ込んだ。終わりの見えない危機であり、このまま行けばニューヨーク市は潰《つぶ》れる」と苦境を訴えている。

ニューヨーク市ブロンクスを選挙区とする極左のヒロイン、アレクサンドリア・オカシオコルテス下院議員（民主党）も、「移民問題はバイデン政権最大の弱点だ」と露骨に政権批判を行うに至った。

しかし、これら民主党の首長、議員の場合、政権に求めるのは国境管理の強化ではない。難民申請者が直《ただ》ちに一般社会で働くことを認め、住居費や医療費を連邦政府の責任で補助せよ、というのが要求の柱である。すなわち、難民申請者を、認定を待たずに米国市民と同等に扱えというに他ならない。これは、アメリカに入り、難民申請さえ行えば、その日から自由に働けて、福祉の恩恵も受けられることを意味する。事実上、国境の全面開放と変わらない。

バイデンとしては、そこまで踏み込むと逆サイドからの反発が怖く、しかし有効な対処策の用意もないため、ニューヨーク州知事らとの面会に応じなかったわけである。

バイデンが国境問題担当に指名したカマラ・ハリス副大統領は、中南米の経済発展など「根本原因」の除去が必要だといった綺麗ごとの一般論を述べるばかりで、批判の矢面《やおもて》に立つのを避けるため、極力、国境地帯に近づかず、この問題での記者会見に応じず、逃げ隠れに終始した。歴代最低支持率の副大統領となったのは当然だろう。バイデンの認知能力低下が明らかになったため、急遽《きゅうきょ》民主党が二〇二四年大統領選の候補に据《す》えたが、無責任な左翼を絵に描いたような人物だった。

パターンどおり黒人差別にもっていく

一方、共和党の側は「国境の壁」建設の再開、「メキシコに留める」政策への復帰、国境警備隊員の手当大幅増などを掲げ、バイデン政権の無為無策《むいむさく》に対する攻撃を強めた。

なお、国境警備隊をめぐっては、興味深い形で、バイデン大統領と保守派の激しいやり取りが展開された事例がある。

二〇二一年九月、バイデン政権は、顕著に増加した不法越境ハイチ人などの本国送還を進める方針を一応打ち出したが、ちょうどその時、国境警備に当たる騎馬部隊が「越境者を馬で蹴散らし、鞭《むち》で打った」とされる画像が一斉にマスコミで流された。人権蹂躙《じゅうりん》だと非難する進歩派の声に動揺したバイデンは、再び国境管理を緩める。

九月二十四日に記者会見したバイデンは、目に怒りをたたえる演技をしつつ、次のように述べた。

（この映像は）世界に向け、国内に向け、間違ったメッセージを発した。これは決して我々の姿ではない。こんなふうに人が扱われるとは恐るべき話だ。馬に踏みつけられそうになり、鞭で打たれている。言語道断だ。私は約束する。やった人間に代償を支払わせる。

事実関係のチェックもなく大向こう受けを狙う。いかにも「純粋なデマゴーグ」バイデンらしい。ハリス副大統領も珍しくコメントを発したが、パターンどおり、黒人差別のほうに話を持っていき、担当である国境管理の具体策には触れなかった。

強い怒りを覚えた。恐ろしい話であり、きわめて問題だ。誰もが知るとおり、この映像は我々の歴史の最悪期を思い起こさせた。この種の行為が土着の人々（インディアン）になされ、黒人奴隷になされた時期のことだ。

しかし直後に、現場で当の写真を撮影したカメラマンが、「馬の手綱《たづな》を引き直す動作が、角度によっては鞭をふるうように見えただけで、騎馬部隊員たちは誰をも鞭打ってはいなかった」と証言した。当然保守派からは、バイデン、ハリス両氏を強く難じる声が起こった。共和党の重鎮リンゼー・グラハム上院議員は次のように言う。

バイデン大統領は、国境警備隊員が職責を果たしたことに対して代償を支払わせるという。国境で正規の任務に当たるすべての人々に対する侮辱《ぶじょく》であり、究極の責任転嫁だ。

隊員を代表する立場の全米国境警備委員長も、バイデンを厳しく批判した。

大統領は、国境警備隊を政争の具に供した。隊員たちは訓練に基づき、大統領が与えた任務を遂行した。誰一人、彼らに鞭打たれてはいないし、誰一人、馬に踏まれてもいない。大統領は隊員たちを現場に送り込んだ責任者でありながら、いまになって彼らを批判する。支持勢力に取り入るためだ。

この事案は、バイデンが大統領在任中、繰り返し進歩派に迎合して国境秩序を揺るがし、混乱に対処する過程でも再び進歩派に迎合して、社会の亀裂を深めたパターンの代表例と言える。実に無能無責任な大統領だった。

世界から自称「難民」が押し寄せる

業《ごう》を煮やしたテキサス州のアボット知事は二〇二三年七月十八日、不法越境者が好んで渡河《とか》地点とするリオグランデ川の一部に、約三百メートルにわたって球状のブイをチェーンで連ねたバリアを設置した。乗り越えようとしても、ブイが回転するため、乗り越えられない。

ところが、バイデン政権の司法省は、この装置は非人道的であり、また一八九九年の河川港湾法によれば、船舶が航行可能な川に構造物を設置する場合、陸軍工兵部の許可がいるとして、撤去を求める訴訟を起こした。

国務省の代表も、ブイ・バリアはメキシコとの関係を悪化させるとの理由で撤去を求める意見を法廷で述べた。

九月六日、テキサス州を管轄《かんかつ》する連邦地裁判事がブイの撤去を命じる判決を下したが、アボット知事は、連邦政府が自らの責任である国境管理を果たさないから、やむなくテキサス州が取った措置を妨害するのは論外として控訴した。

もっとも二〇二四年十一月の大統領選挙でトランプが当選したことで、連邦政府がこの訴訟を取り下げるのは確実となった。

不法移民対策に綺麗ごとは禁物である。難民認定も厳格に行わねばならない。第二次トランプ政権が国境管理を強化し、イタリアなど欧州諸国も右に倣《なら》うなか、日本が一人甘い措置を取れば、世界から自称「難民」が押し寄せることになる。そうなってから慌てても遅い。不法越境者が溢《あふ》れたバイデン時代のアメリカはよき反面教師である。

第七章　血税と外務省

ポストを税金で買いまくる

多数の天下り財団設立など財務省をめぐる利権構造に焦点が当たりがちだが、外務省も独自の利権ネットワークを構成している。そのなかには、綺麗な構えの陰で国益を損ない、税金を浪費しているものも少なくない。本章では、その一端にメスを入れたい。

アメリカはトランプ第一次政権時の二〇一八年末、不当に反イスラエル的であることなどを理由にユネスコ（国連教育科学文化機関）から脱退し、拠出金《きょしゅつきん》支払いを停止した。イスラエルも同時期にユネスコを脱退している。

また同年、アメリカは国連人権理事会からも脱退した。世界各地の人権問題を真摯《しんし》に取り上げるどころか、中国など人権抑圧国が互いの不当行為をもみ消す談合組織と化しており、これ以上米国民の税金を投入することは許されない、国際援助は米政府独自の判断で有意義な事業を展開している団体を選び、行うのが筋などの理由からである。

さらにコロナ禍の二〇二〇年五月には、世界保健機関（ＷＨＯ）について、中国の影響下に置かれて誤った情報を発信し、反省の色が見えないなどと強く非難したうえで、「関係を打ち切って、拠出金を他の国際保健事業に振り向ける」と脱退手続きの開始を表明した。

この間、トランプ政権は温暖化防止パリ協定からも離脱を宣言し、「緑の気候基金」に対する資金拠出を打ち切った（二〇一七年六月に宣言。二〇一九年十一月、国連に離脱を正式通告）。

脱炭素原理主義に迎合して、アメリカはじめ自由主義国の経済発展を阻害すると同時に、合意に縛られない中国を利する枠組みに留まることはできないとの理由であった。

ポンペオ国務長官（当時）は、「二〇〇五年から二〇一七年にかけてアメリカは一九％超の経済成長を遂げつつ、温室効果ガスを一三％削減した。技術革新と開かれた市場がより大きな繁栄、より少ない地球温暖化排出ガス、より安全なエネルギー源を生む」と脱退の正当性を説明している。

実際、国際エネルギー機関（ＩＥＡ）の報告書によると、マスコミ発のイメージとは逆に、トランプ時代のアメリカは炭素削減の絶対量で世界一位となった。第二章と第五章で既述のとおりである。

アメリカ政府が実行した以上の国際機関、国際協定からの脱退のいずれも、何らトランプ個人の「暴走」ではない。共和党議員や米保守言論界から、ほぼ全面的な支持を得ていた事実に注意が必要である。

日本では、国際機関からの脱退というと、自民党から共産党に至るまで、ほぼ全員といってよい議員が条件反射的に「とんでもない。考えることすら許されない」という反応を示す。文字どおり思考停止という他なく、世界からカモ扱いされるのも無理はない（この辺りの詳細は拙著『腹黒い世界の常識』飛鳥新社参照）。

ところが、民主党バイデン政権は方針をほぼ一八〇度転換し、トランプ時代に脱退を決めたすべての国際機関に順次復帰し、拠出金支払いを再開した。翻《ひるがえ》って日本の政界を見ると、トランプ派はほとんどおらず、全体が忠実な「バイデン派」と言ってよいだろう。

官僚機構においても、外交の実務をつかさどる米国務省は、国際機関とのかかわりにおいて、完全に反トランプ、親バイデン姿勢であった。

この点、日本の外務省も同様である。そして、この反トランプ的な国際認識の裏には、組織としての利権が潜んでいる。

国際機関に多く加入し、多額の拠出金を払うほどに、当該機関に多数の出向ポストを確保でき、ワシントンや東京の本省にも管理ポストを新設するなど、人員増、予算増を見込むことができる。

国連人権理事会は、トランプ政権が指摘したとおりの嘆《なげ》かわしい実態を有している。定数四十七の理事国は、人権に関して、控えめに言っても問題を抱えた国々が多数を占める国連総会で選出される。地域ごとに定数が割り振られるため、中国の買収工作に脆弱《ぜいじゃく》な貧困国も少なからずメンバーに入ってくる。人権理事会は、国連の下に置かれている限り、構造的に改革不可能な組織と言える。

人権理事会に送られ、闇に葬られる

しかも、国連において唯一、加盟国に制裁を呼び掛ける権限を持つ安全保障理事会で人権問題を取り上げようとすると、「その種のテーマについては人権理事会がある。そちらに移して議論すべきだ」と拒否権を持つ中国やロシアが主張し、「もみ消し工場」と言うべき人権理事会に送られたあげく、大抵、ろくに議論されることもなく闇に葬られる。

最終的には中露が拒否権発動によって制裁決議の採択を阻止するとしても、安保理で議論したほうが、国際世論喚起のうえでまだしも効果がある。人権理事会は百害あって一利ない税金浪費機関という他ない。

しかし、外務省関係者に「トランプ政権同様、日本も人権理事会から脱退して拠出金を引き上げるべきだ。理念的に正しいうえに、税金を他で有効利用できる」と言うと、「それをやったらおしまい。日本は国際的に影響力を失ってしまう」と判で押したような反応が返ってくる。

外務省が危惧《きぐ》するところは、正確には、国際機関の「人事における影響力を失う」だろう。日本国にとっても日本国民にとっても、人権理事会などからの脱退によって何らマイナスは生じない。税の有効利用や減税といったプラスを生むだけだ。

日本の国連拠出金について、外務省のホームページから基本的な数字を抜き出しておこう（二〇二三年度。億円単位以下は四捨五入）。

まず、「通常予算分担金」は加盟国のGDP（国内総生産）に応じて振り分けられており、日本はアメリカ、中国に次いで負担率三位（八・〇三三％）である。金額に直すと、国連の通常予算総額三十四億ドルのうちの二・四億ドル（三百五十二億円）となる。

あわせて「平和維持活動（PKO）分担金」があり、これもGDPに応じて各国に割り振られ、日本の分担金は五・二億ドル（七百六十三億円）となっている。通常予算の分担金額より多い。

この他、各種国際機関への拠出金がある。外務省の発表資料「国際機関への拠出金・出資金等一覧表（令和三年度）」を見てみよう（以下、金額はすべて二〇二三年十二月初旬現在の日本円）。

ハマスの「物資調達部門」に流れている

　厖大《ぼうだい》な量のなかからごく一部抜き出せば、「世界食糧計画」（ＷＦＰ）への拠出金は二・三億ドル（三百三十二億円）、拠出率は二・四％である。日本人職員の比率は二・九％で、拠出率にほぼ見合っている。

　ＷＦＰは国連食糧農業機関（ＦＡＯ）とともに、国際社会に対し、たびたび北朝鮮への食糧支援を呼びかけてきた。韓国統一部によると、コロナ禍で国境を閉ざしていた北朝鮮が二〇二三年に入ると再び、ＷＦＰに食糧支援を要請し始めた。

　国連安保理の累次《るいじ》の対北制裁決議においても、食糧は「人道物資」として対象外とされている。北は国民の飢餓を解消するため、巨額の核ミサイル開発資金を食糧購入に回すべきであり、外部からの食糧支援は間接的に軍拡支援となる。その旨《むね》、外務省から出向している職員は主張し続けねばならない。

　実質的にハマスの物資調達部門と化しているとして米保守派などが解体を求める「国連パレスチナ難民救済事業機関」（ＵＮＲＷＡ）にも、日本政府は五千五十万ドル（七十四億円）を拠出している。拠出率は四・八％、日本人職員の比率は三・七％である。

マルクス主義的なフェミニスト・イデオロギーを拡散する内政干渉機関であり、マイナスの存在意義しかないと、これまた米保守派などが批判する「ジェンダー平等と女性のエンパワーメントのための国連機関」（ＵＮ　Ｗｏｍｅｎ）に対する日本の拠出金は二千百二十万ドル（三十一億円）。拠出率は三・一％、日本人職員の比率は二・一％となっている。

これらの拠出金を停止ないし減額した場合、それに応じて日本人職員の数は減らされよう。しかし、減らされても日本国にとって一向に差し支《つか》えない無意味な国際機関は山のようにある。国会は「行政の無駄」排除の一環として、国際機関への関与の在り方を総ざらい的に検証すべきである。

この間、日本政府は「国際機関幹部ポスト獲得等に戦略的に取り組むための関係省庁連絡会議」を設置し、第一回会合を二〇二一年二月二十五日に開いた。以後、断続的に開催されている。これも中身をしっかり検証せねばならない。

税金をつぎ込んで、国益を害す

外務省によれば、国連関係機関（計四十三）に勤務する日本人職員数は、二〇二三年末時点で九百五十八名、このうち幹部職員は九十一名である。「二〇二五年までに一千人を達成するとの政府目標に向け、取り組んでいく所存です」と外務省は力説するが、幹部職を多く取れば取るほど国益に資するという話ではない。

正規の分担金に加えて、関係各国に対する「政治工作資金」として、政府開発援助（ODA）などの形も含めて多額の税金をつぎ込んだあげく、かえって国益を損ねていると言わざるを得ない場合もある。

典型は、日本人国連職員の出世頭というべき中満泉《なかみついずみ》氏（国連事務次長・軍縮担当上級代表）のケースである。

国連難民高等弁務官事務所（UNHCR）協会のホームページに掲載された同氏へのインタビュー記事は、次のような紹介文で始まっている（二〇二三年六月十四日）。

二〇一七年に日本人女性初の国連事務次長に就任した中満泉さん。国連の軍縮部門トップとして『核兵器禁止条約』の採択に尽力し、二〇一八年には米フォーチュン誌『世界で最も偉大なリーダー50人』に選出されました。

二〇二三年十二月一日、ニューヨークで開催された核兵器禁止条約第二回締約国会議が五日間の日程を終え、「核抑止論の正当化は核拡散のリスクを危険なほど高めている」としたうえ、「各国はそうした政策を放棄して核兵器禁止条約に加わるべきだと呼びかける政治宣言」を採択して閉幕した。

この会議の仕切り役を務めたのが中満氏である。ところが、日本政府はアメリカの核の傘に頼りながら、核抑止論を否定するのは自己矛盾であり、国益を損なうとの立場から条約に署名せず、この締約国会議にも、オブザーバー参加すら見送った。

日本が長年、多額の拠出金を出してきたゆえに得られた中満氏の国連事務次長就任が、結果的に自傷行為につながっていると日本政府自身認めたに等しいだろう。

税金で活動家を養成する

こうした核分野に特に顕著に見られる矛盾は、岸田首相（当時）の国連外交によって増幅されてきた。

二〇二二年八月一日、ナンシー・ペロシ米下院議長の台湾訪問に中国が強く「反発」し、議長を乗せた米軍機に中国側が何らかの攻撃を仕掛けるなど不測の事態も懸念されるなか、岸田首相は日本を離れてニューヨークに赴《おもむ》いた。国連の総会ホールで開かれた「核兵器拡散防止条約（ＮＰＴ）運用検討会議」に出席して、核廃絶を訴えるためである。自衛隊の最高指揮官の立場より反核パフォーマンスを優先させた、と言わざるを得ないだろう。「ヒロシマ・アクション・プラン」と名付けられた岸田演説は、「核兵器不使用の継続の重要性の共有」「透明性の向上」など内容に特に新味はなく、岸田氏以外に首脳クラスの出席はなかった。ＮＰＴ運用検討会議は、最終的に何ら合意文書を作れないまま閉幕した。

無味乾燥《むみかんそう》な演説以外は手ぶらというのでは国連事務局に疎《うと》んじられるため、岸田首相は演説のなかで、またグテレス国連事務総長との会談において、国連に対する一千万ドル（十三億円）拠出を通じた「ユース非核リーダー基金」の立ち上げと、日本が丸抱えで行う「核兵器のない世界に向けた国際賢人会議」立ち上げ（第一回は広島開催）を打ち出した。

二〇二三年から二〇三〇年まで実施予定とされるユース非核リーダー基金の「プログラム」は、外務省によれば以下のとおりである。

参加者は、二年間のコースで、核軍縮、不拡散及び軍備管理についてオンライン・コースで研修を受け、選定された参加者が広島及び長崎に一週間のスタディ・ツアーに参加する。

ソ連が糸を引いた一九八〇年代の「反核運動」同様、自由主義圏にのみ核抑止力放棄を要求する活動家の養成に税金をつぎ込む結果に終わるのではないかと危惧される。

外務省による二〇二三年三月十四日付の発表文「『ユース非核リーダー基金』設立のための国連軍縮部（UNODA）に対する資金拠出」は、次のように述べる。

昨年（二〇二二年）八月の核兵器不拡散条約（NPT）運用検討会議に際して、岸田文雄内閣総理大臣が立上げを発表した「ユース非核リーダー基金」について、今般、国連側との調整が整ったことから、我が国は、国連軍縮部（UNODA）に対し一千万ドルを拠出します。

国連軍縮部の長は、前出の中満氏である。同氏が推進してきた核兵器禁止条約を基本的思考枠組みとする若者が選定されていくことになろう。

私は日本保守党の国会議員として、独自核抑止力の保有を主張している。綺麗ごとの「核廃絶願望」は無意味どころか、ファシズム勢力を利する。独自核抑止力を持ってこそ、相互核軍縮や「平時において核ミサイルの照準を互いに外す」といった交渉が中国、ロシア、北朝鮮などと可能になる。二度と日本国民を広島、長崎の惨禍《さんか》に晒《さら》さないため、必要なのはそちらの方向での積極的動きだろう。

首相肝煎りの「税金浪費ショー」

岸田首相肝煎《きもい》りの「国際賢人会議」も、十五名の委員を中心とする第一回会合が二〇二二年十二月十日および十一日、広島で開催されたが、外交的配慮からロシアと中国の御用学者まで招いて政治宣伝的発言を許したため、外務省の報道発表と議事概要を見る限り、何ら得るところのない税金の浪費ショーになり終わった。

そもそも、同種の「核廃絶」会議は過去に無数と言ってよいほど開かれており、屋上屋《おくじょうおく》を架《か》す官製の国際寄せ集め会議が目新《めあたら》しい成果を生むはずもない。

にもかかわらず、翌二〇二三年四月四日から第二回会合を東京で、十二月八日から第三回会合を長崎で、二〇二四年五月二十一日から第四回会合を横浜で開催するなど、税金の浪費は続いている。

さらに続けるなら、岸田氏のポケットマネーから資金を出すべきだろう。

二〇二三年九月十九日、国連総会で演説した岸田首相は次のように述べた。

核軍縮「主流化」の流れを改めて確実に進めていくためには、政府だけではない重層的な取組が重要です。アカデミアや実務の世界における「抑止か軍縮か」との二項対立的な議論を乗り越えるため、日本は新たに三十億円を拠出して、海外の研究機関・シンクタンクに「核兵器のない世界に向けたジャパン・チェア」を設置します。

日本政府国連代表部が動員に力を尽くしたにもかかわらず総会フロアはガラガラで、岸田「核廃絶一人芝居」を象徴する光景となったが、そこはあえて問わないでおこう。

その後、外務省によれば、「米国、欧州及びアジアに所在する研究機関・シンクタンクとの間で調整を行った結果、(一)カーネギー国際平和財団、(二)ウィーン軍縮・不拡散センター及び(三)国際戦略研究所(IISS)アジアの三機関に合わせて約三十億円を拠出し、核軍縮・不拡散を専門とするポストである同『ジャパン・チェア』を設置する運びとなりました」という(二〇二四年三月四日発表)。

非現実的な「核兵器のない世界に向けた」云々《うんぬん》がテーマである以上、現実的な研究は期待できない。選ばれたのはいずれも老舗《しにせ》の大手シンクタンクであり、意義ある成果が出せるならすでに出しているはずである。客員研究員などの名目で外務官僚の天下り先に利用されないか監視していかねばならない。

三十億円の税金は国内で様々に活用できる。国益にそぐわない無駄な「海外拠出金」は、すべて廃止を前提に見直し、たとえば能登半島地震の被災地復興などに充《あ》てるべきである。あるいは減税に回すべきだろう。核廃絶パフォーマンスをライフワークとする岸田前首相のような存在に、これ以上血税を浪費させてはならない。

第八章　中東クライシス

日本の首相が用いた「誘拐」の意味

二〇二三年十月七日のテロ組織ハマスによるイスラエル攻撃をきっかけに、中東は混迷の度を深めた。

世界最強と言われたイスラエルの情報機関が、ハマスの組織的越境、大虐殺テロに全く対応できなかったことは世界に衝撃を与えた。逆に各地のテロリストたちは活気づいただろう。

イスラエルにとっての理想形は、事前に攻撃を察知したうえで、正規軍や特殊部隊が待ち伏せし、入ってきたハマスの部隊を一網打尽《いちもうだじん》的に無力化することだったろう。

それができていれば、ガザ地区におけるイスラエル軍の大規模な反攻作戦も必要なく、「人道危機」の責任を問われることもなかった（ここでも誰より責任を問われるべきは、一般住民を盾にしているハマスだが）。

ところが、完全に虚を突かれ、場所によっては二十五キロ以上イスラエル領内への侵入を許したうえで、殺戮《さつりく》、レイプ、拉致《らち》など暴虐の限りを尽くされた。意外なまでの情報活動の破綻《はたん》であった。なお日本は、イスラエルの失敗を言う前に、そもそも秘密作戦部門を備えた情報機関を持たない。早急に設置すべきだろう。
ハマスの攻撃で自国民四十人以上を殺害され、十二人を拉致されたアメリカでは、それら人質の救出は米国政府の義務であり、イスラエル任せではなく、米国自らガザ地区に特殊部隊を投入すべきとの声が、保守派を中心に多数上がった。日本では、日本保守党を除く他の政党からは出てこない発想と言える。
一例として、イラクで戦闘体験のあるトム・コットン上院議員（共和党）の大統領およびオースティン国防長官宛《あ》て公開書簡を引いておこう（二〇二三年十月十二日付）。

アメリカは、人質救出の特別訓練を受けた特殊部隊を有している。これらの部隊は、諜報《ちょうほう》活動と救出計画作成を支援するため、すでにイスラエルに入っている。私はこれらエリート戦士たちを、アメリカ人人質を救出する直接任務に用いるよう大統領と国防長官に強く求める。僥倖《ぎょうこう》を期待してはならない。イスラエルは我々の最も緊密なパートナーだが、アメリカ市民の安全確保は米国政府の責務である（後略）。

しかし、バイデン政権は、結局そうした踏み込んだ対応は取らず、基本的に事をイスラエルに委《ゆだ》ねた。

これら拉致被害者の救出に関しては、岸田首相の対応も非常に疑問だった。ハマスによるテロ攻撃の翌日、岸田首相はXに次のようにポストしている。

多くの方々が誘拐されたと報じられており、これを強く非難するとともに、早期解放を強く求めます。また、ガザ地区においても多数の死傷者が出ていることを深刻に憂慮しており、全ての当事者に最大限の自制を求めます。

いかにも役人の作文をそのまま発信したごとき血の通わない文章だが、「北朝鮮に多数の国民を拉致されている日本としては決して看過できない。速やかな解放に向け、全面協力する」くらいは言うべきだったろう。

もちろんそう発信すれば、具体的行動を求められる局面も出てこよう。そうした事態を避けるため、「拉致」ではなく、より個人的犯行の色彩が濃い「誘拐」という言葉を用いたうえ、「全ての当事者に最大限の自制」を求めたのだとすれば、相当情けない話である（官房長官も外相も、申し合わせたのだろう、頑《かたく》なに「拉致」を避け「誘拐」を用いている）。

外務省と米国務省の職業病

ハマスの背後には「テロの中央銀行」と言われるイラン・イスラムファシズム政権がいる。日本政府の及び腰には、「友好国」と位置付けるイランへの配慮もあったと思われる。テロ国家北朝鮮への国際制裁を求めながら、イランにはひたすら「友好」で臨む日本政府の姿勢は整合性を欠くと言わざるを得ず、この矛盾は、米側においてはっきり意識されている。

かつてブッシュ長男政権が、イラク戦争の泥沼化で自信をなくし、急坂を転げ落ちるように対北宥和《ゆうわ》政策に転じた際、拉致被害者家族会や拉致議連のメンバーとともに、親北外交の中心人物クリストファー・ヒル国務次官補を国務省に訪ね、異議を申し入れたことがあった（私は救う会副会長の立場で参加）。

その時、意外なことに、普段温和な外貌《がいぼう》のヒルが突然顔を紅潮させ、次のように語った。

私の親しい同僚が一九七九年、イラン・イスラム革命のさなか、在テヘラン米大使館占拠事件で人質となり虐待を受けた。彼はいまだに後遺症に苦しんでいる。先日、東京に行ったところ、移動の車中から、イラン航空の事務所が堂々と営業しているさまが目に入った。怒りを禁じえなかった。

ヒルは、日本はもっとイランに強硬姿勢を取れと言いたかったわけではない。国務省は総じて、イランに対しても宥和的である。要するに、日本が反米国家イランと友好関係を保つことをアメリカは甘受しているのだから、アメリカが北と関係改善を図ることに日本も文句を言うなというのが、彼の強調したい点だった。

北朝鮮ともイランとも、不愉快であっても譲歩すべきは譲歩し、友好関係を築いていく外交努力こそが重要で、制裁など逆効果というのは、日本の外務省と米国務省に共通する基本姿勢である。職業病と言ってもよい。そして、国務省と米民主党はほぼ一体である。

バイデン民主党政権も例外ではなかった。

バイデン外交チームは、オバマ政権時代に極めて宥和的な抜け穴だらけのイラン核合意（二〇一五年七月）をまとめた人々が幹部職を占める点で、中東政策においても非常に危うかった。

当時、副大統領だったバイデン大統領を筆頭に、国務長官だったジョン・ケリー気候変動特使、国務副長官だったアントニー・ブリンケン国務長官、交渉代表を務めたウェンディ・シャーマン前国務副長官（二〇二三年七月末に引退）、副大統領安保補佐官として、またシャーマンの補佐役として水面下の調整に当たったジェイク・サリバン安保補佐官、国務副長官として瀬踏《せぶ》み段階の秘密交渉を担《にな》ったウィリアム・バーンズＣＩＡ長官など、イラン核合意を「オバマ外交最大の成果」と位置付ける人々が「外交・情報チーム」の中枢にあった。

トランプ政権は、先にも触れたが、逆にイラン核合意を「これ以上考えようがない史上最悪のディール」と批判し、二〇一八年五月に離脱している（同合意は、米国とイランに英独仏中露を加えた多国間合意）。

共和党議員の大半のみならず、民主党議員の一部もトランプの脱退決定を支持した。イスラエル政府も、「イランが中途半端な合意事項すら守らず、密かに核兵器開発を進めているのは確実」として、アメリカが制裁強化に向かうことを歓迎した。

ところがバイデン政権は、イランを国際社会に引き入れるとの幻想に基づき、再び制裁緩和の方向に転じた。これが、イランにテロ支援資金を与えることとなった。

六百十一億円の現金をイランに空輸

ここで、第五章でも触れたが、重要な点なのでオバマ政権が主導したイラン核合意の問題点を改めて強調しておきたい。

①イランの核活動を「制限」するだけで、放棄はおろか凍結ですらない。たとえば、イランが保有していたウラン濃縮用の遠心分離機約一万九千本のうち、約五千本の運転は継続してよいとした（パキスタンが核爆弾製造に必要な量の濃縮ウランを得るのに要した遠心分離機は三千本で、それを上回る数字である）。

残りの遠心分離機も解体や海外搬出ではなく、イラン自身が保管することを認めた。しかも、十年ないし十五年の時限取決めとしたため、期間が過ぎればイランは自由にウラン濃縮ができる。

この点を追及されたケリー国務長官（当時）は、「イランが核兵器獲得を目指しても、獲得まで一年は掛かる状態を少なくとも十年間維持できる」と複雑な言い方で遅延効果を強調した。オバマ大統領も、「合意から十三年ないし十五年後には、核兵器獲得までの所要時間はほぼゼロになる」と、事実上、時間稼ぎに過ぎないことを認めている。当時、合意反対派が指摘したとおり、「イランが仮に合意を守っても十数年後には核兵器を保有し得る」内容であった。

現在（二〇二四年）、合意からすでに九年が経過している。イランは、トランプ政権の制裁強化を理由に、濃縮ウランの生産ペースを上げた。オバマ政権の当時の見立てが正しかったとしても（そもそも甘かったという批判も多い）、明らかにタイムリミットが迫っている。あるいはすでに過ぎたかもしれない。

②検証規定が甘い。たとえば、イランは核爆発実験の疑いがある施設の土を、放射能検査のため国際原子力機関（IAEA）に提供するとされたが、イラン自ら土を採取して送る方式でよいとした。当時、下院議員だったマイク・ポンペオ元国務長官らはこれを大いに問題とし、「ドーピング検査のサンプルを選手自身が家で採取し、郵送しても構わないと言うに等しい」と厳しく批判した。

③ミサイル開発および配備については放置した。

④テロ放棄を迫らなかった。

⑤アメリカ人拉致問題を棚上げにした。ハマスによる現下の拉致にも関係するので、特に注目されるレビンソン事件について簡単に触れておこう。

二〇〇七年三月、イラン領内でＣＩＡの外部契約者ロバート・レビンソンが失踪した。体制の不正、腐敗に関する情報を収集中で、革命防衛隊による拉致と見られている。約三年後、オレンジの囚人服を着たレビンソンの写真と、健康悪化を訴えるビデオ映像が家族のもとに送られてきた。

オバマ政権は、レビンソンはパキスタン近辺で武装勢力に拘束されたとする、イランの責任を問わないフィクショナルな解決シナリオを提示したが、具体的動きにはつながらず、新たな安否情報が出ることもなかった。イラン核合意を急ぎたいオバマ政権は、交渉のなかでレビンソン問題を一切取り上げなかった。

以上のように、イラン核合意には当初から数々の問題があったにもかかわらず、オバマ政権はイランの「前向きの態度」への見返りとして、国際的な経済制裁の大半を解除した。米金融機関が凍結していたイラン政府の資金も、相当程度引き出し可能とした。

合意締結から半年を経た二〇一六年一月には、イランがスパイ容疑で拘束した四人の米国人の解放と引き換えに、米側が制裁法違反で収監していたイラン人七人に恩赦《おんしゃ》を与え、指名手配中の十四人も免訴《めんそ》とした。そのうえ、四億ドル（六百十一億円）の現金をイランに空輸している。まさに許されざる「盗人《ぬすびと》に追《お》い銭《せん》」であった。

全く無意味な声明と甘い期待

味を占めたイランは、その後も「スパイ容疑」での米国人逮捕を続けている。中国が日本の弱さを見切って、邦人を次々拘束して揺さぶりを掛けているのに似ている。

二〇二三年九月、バイデン政権はイランと新たな「人質交換」を行ったが、オバマ政権同様、併せてイラン資金の追加凍結解除も行っている。第一次トランプ政権の制裁発動を受け、韓国の金融機関が凍結していた六十億ドル（九千百億円）のカタール（イランの友好国）への送金という形を取った。

バイデン政権は、このカネは食糧、医薬品の購入など「人道目的」にのみ充《あ》てられるよう厳格に監視すると言うが、言うまでもなく「カネに色は付いていない」。全く無意味な声明であった。

オバマ大統領には、制裁を解除し、国際社会に優しく迎え入れることで、イラン指導部はより責任ある行動を取るようになり、結果として核危機は収束に向かうとの甘い期待があったと言われる。バイデン大統領も同様の感覚だったのだろう。

二〇二三年十月の酸鼻《さんび》を極めたハマスの無差別テロの例に照らせば、イランが完成させた核兵器を密かに渡した場合、これら組織がイスラエルへの核使用をためらうと考える理由はない。少なくとも、そのレベルの希望的観測を安全保障政策とは呼べないだろう。

イスラエルは今後、イランの核開発を阻止するため、軍事行動や秘密作戦のレベルや頻度を上げると思われる。

過去には、トランプ政権下の二〇二〇年十一月二十八日、イランの核開発を主導してきた科学者が、首都テヘラン近郊を車で走行中に、道路脇に仕掛けられた遠隔操作機関銃による三分間の連射を受けて死亡した例がある。イスラエル情報機関が機材と資金を提供し、イラン国内の反体制派が実行したと言われている(通常、この種の作戦をイスラエル情報部員が自ら敵地に入って行うことはない)。

なぜイスラエルはバイデンを信用しなかったか

イランに対する締め付けを波状的に強めたトランプ時代には、中東全域を舞台に、イスラエルとアメリカの共同作戦も数々見られた。

最も耳目《じもく》を引いた例としては、イランの対外破壊活動の責任者だったカッセム・ソレイマニ革命防衛隊「コッズ部隊」司令官の除去がある。当時のイランにおいて、最高指導者アヤトラ・ハメネイに次ぐ実力者とも言われた男である。過去に米軍兵士数百名の死と数千名の負傷をもたらしたとされ、さらに米軍をターゲットとした新たなテロ攻撃を準備していたというのが、トランプ政権が作戦を発動した理由だった。

二〇二〇年一月三日、中東に二十前後潜むと言われるイラン傘下のテロ集団の巡回指導のため、シリアのダマスカス空港を飛び立ち、イラクのバグダッド空港に降り立ったソレイマニ一行をイラクの武装勢力幹部らが出迎えた。二台の車に分乗し、一般道につながる空港連絡路を走行中、上空で旋回待機していた複数の米軍無人攻撃機（ドローン）が遠隔操作でミサイルを発射、車内の十人全員が死亡した。空港連絡路のため、周囲に住宅や歩道はなく、一般人の巻き添え被害はなかった。

このピンポイント作戦の成功の背後に、イスラエル情報部の貢献があったと言われる。

ところが、当時大統領選の運動中だったバイデンは、ソレイマニ殺害は無謀であると同時に国際法違反であり、加えて、世界のどこであれ米政府職員が暗殺に関与することを禁じるとした一九七六年の米大統領令にも反するとして、「私ならこうした命令は出さなかった」とトランプ大統領を非難した。

こうしたバイデン的リベラル姿勢が、アフガニスタンのタリバンやロシアのプーチン政権をはじめ世界各地のテロ・グループやファシズム政権に「バイデンなら何をしても強い対応は取らない」と高《たか》をくくらせることにつながったと言えよう。

イスラエルはバイデンを信用しておらず、バイデン政権の間は、米・イスラエル両国の情報機関が、イランを対象に踏み込んだ共同行動に出ることはなかった。

米中枢にイランのスパイ潜入疑惑

そんななか、二〇二三年九月末に米有力紙ウォールストリート・ジャーナルでイラン問題を担当するジェイ・ソロモン記者が、イラン外務省対外宣伝部門の電子メール記録を基に、当時ペンタゴンで特殊作戦担当国防次官補の首席補佐官を務め、過去に国務省にも勤務していたイラン系アメリカ人の女性研究者アリアン・タバタバイ氏がイラン政府に包摂《ほうせつ》された特別協力者である、との疑惑を報じた。

ペンタゴンは、雇用において瑕疵《かし》はなかったとしたが、かつて彼女の上司だったロバート・マリー・イラン問題特使が「機密書類の不適切処理」を理由に六月にセキュリティ・クリアランス（機密取扱資格）を停止されるなど、関係者をめぐる不透明な動きが続いた。

十月四日には、共和党の上院議員二十七人が連名の書簡をオースティン国防長官宛てに送り、厳正な対応を求めるなど、バイデン政権内に広がる「イラン・スパイ・リング（組織）」として大いに問題化した。

マリー特使はオバマ政権時代、イラン核合意の中心的交渉者の一人であった。第一次トランプ政権下で放逐《ほうちく》されたが、バイデン政権発足とともに再び中東外交の枢要《すうよう》ポジションに復帰していた。

情報分析や政策決定の中枢に、こうしたスパイ疑惑まである宥和主義者が多数配置された「構造欠陥」に照らして、イスラエル政府が、バイデン政権に秘密共同作戦を持ちかけるリスクを冒《おか》さなかったのも当然だろう。

ハマスはイラン傘下のテロ組織という認識は、アメリカでは一部の左翼を除けば常識で、保守派議員の間では、イスラエルによるイランの軍事施設攻撃は自衛権の発動であって、強く支持し支援するという声が大勢《たいせい》である。

バイデン時代は、中国、ロシア、イラン、北朝鮮から成る「新・悪の枢軸《すうじく》」が連携を深め、互いの反社会的行動や侵略を支援するため、兵器の供与（イランによるロシアへの攻撃ドローン売却が一例）や戦場への派兵を行い（北朝鮮によるウクライナ戦線への部隊派遣が一例）、あるいは様々な陽動作戦に出ることも通例化した。

日本も、台湾周辺の抑止力強化を軸に外交安保政策に優先順位をつけ、自主的に行動しないと、多発的な紛争に漫然《まんぜん》と資金的関与を強《し》いられ、「アメリカや欧州諸国の言いなりに振りまわされるカモ」になりかねない。

第九章　学術会議

一点の曇りもない愚かさ

菅義偉首相（当時）が六名を任用しなかった日本学術会議問題（二〇二〇年）で、「学問の自由が侵《おか》された」と騒ぐ大学教員らの姿には呆《あき》れざるを得なかった。まず思い浮かんだのは、夜郎自大《やろうじだい》という言葉である。なおこの六名はいずれも、日米同盟強化のため安倍首相が主導した平和安全法制などに反対してきた人々である。

朝日新聞などは、よく学術会議を「学者の国会」と表現するが、むしろ「学界のポリトビューロー」と言うべきだろう。ポリトビューローとは、旧ソ連の共産党中央委員会政治局を指す。ソ連の一般国民はもちろん、共産党員ですら、抑圧の奥の院たる政治局メンバーの人事には全く関与できなかった。

学術会議についても、日本国民は彼らを学術界の代表に選んだ覚えは一切ない。私もその一人であった大学教員のほとんども、その選出に何ら与《あずか》らない。

学術会議会則によれば、会員（総数二百十人。任期六年、三年ごとに半数入れ替え）の補充に当たっては、既存の会員による「推薦その他の情報に基づき」選考委員会が候補者名簿を作成して幹事会に提出、幹事会が「候補者の名簿に基づき、総会の承認を得て、会員の候補者を内閣総理大臣に推薦することを会長に求める」とされている。

要するに、典型的な談合人事である。立憲民主党の蓮舫代表代行（当時）が、政府による六人の任命見送りを「まさに密室政治そのものではないか」と批判したが、学術会議の候補決定過程こそが「密室政治そのもの」である。

蓮舫氏はまた、「学問の自由に対する国家権力の介入であり、到底看過できるものではありません」とした立憲民主党の声明を引きつつ、「声を上げ続けてください。間違いは世論の力で正せます」ともポストしている（二〇二〇年十月七日）。

私はそれを見て、「利権にしがみつく俗物左翼のためになぜ納税者が声を上げねばならないのか。国民はそこまで馬鹿ではない。蓮舫氏らしい、一点の曇《くも》りもない愚かさだ」とSNSで揶揄《やゆ》したが、首相官邸前でシュプレヒコールを上げる活動家ならいざ知らず、国会議員ならもっと深い構造に目を向けるべきだったろう。

少なくとも人文社会系に関する限り、大学教員の多くは、そして彼らが多数を占める老舗《しにせ》の学会の多くは左翼的傾向を帯びている。それゆえ、右のようなプロセスを経て決められる候補者は当然、左翼が中心となる。

学術会議の新会員は、「（会議自身の）推薦に基づいて、内閣総理大臣が任命する」というのが日本学術会議法の規定である。これを、間接的であれ国民が選んだ首相が、何ら国民の審判を経ない集団の談合結果を丸呑みし、税金から活動資金を拠出《きょしゅつ》せねばならないと解釈するのは、明らかに民主制の理念に反する。首相には最低限、拒否権がなければならない。

しかし、問題はその次元に留まらない。官邸および各官庁が常設あるいは臨時の審議会や懇談会を多数設けるなか、多額の経費を使って屋上屋《おくじょうおく》を架《か》す日本学術会議にそもそも存在意義はない。行政改革の観点からも速やかに廃止（民営化）すべきである。

「学術会議を廃止すると、日本はアカデミーがない国なのかと思われる」と利権護持派は恫喝《どうかつ》する。しかし「アカデミー」なる定義不明の古代ギリシャ的特権サロンが情報化の進む現代に必要なのかという議論は措《お》いても、「学術上功績顕著な科学者を優遇するための機関」として学士院が存在する。税立「アカデミー」は一つで充分だ。

学術会議は、税金の浪費という問題を超えて、偏狭《へんきょう》かつ非現実的な左翼イデオロギーを掲げる活動家的な大学教員が牛耳《ぎゅうじ》り、特に安全保障に関する「学問の自由」を抑圧している点で、明確に国益を損なう存在である。以下、一応その成り立ちから見ておこう。

国際政治の常識を捨て去る

学術会議は、第二次大戦後、日本がまだ連合国軍総司令部（ＧＨＱ）の統治下にあった一九四九年に設置された。当時のＧＨＱの最大の使命は、日本を二度と戦争のできない国にすること、すなわち安全保障面における日本弱体化であり、学術会議にもその一端を担《にな》うことが期待された。

ＧＨＱの意向に沿い、学術会議はまず一九五〇年に、「戦争を目的とする科学研究には絶対従わない決意の表明（声明）」なる文書を発表している。

「われわれは、文化国家の建設者として、はたまた世界平和の使として……科学者としての節操を守るためにも」云々《うんぬん》の大仰《おおぎょう》な文章には文化の香りや節操がみじんも感じられないが、ともあれ、こうした学術会議の「自虐的平和主義」体質は、日本が占領期を終え独立したあとも変わらなかった。それどころか、現実とのズレをむしろ拡大させてきた。

一九六七年に学術会議は、趣旨は同じだがタイトルの「戦争」を「軍事」に変えた「軍事目的のための科学研究を行わない声明」を出している。ここで注意すべきは、戦争と軍事が代替《だいたい》可能な言葉として使われている点である。一九五〇年の第一次声明では「敵」はあくまで「戦争」であったが、一九六七年の第二次声明では「軍事」全般が敵視されるに至った。悪いものをさらに悪くしたと言えよう。

すなわち、敵対勢力の侵略を抑止し、戦争の発生を防ぐには一定の軍事力が必要という、国際政治の常識を捨て去ると宣言したに等しい。

この一事を以《もっ》てしても、学術会議が当事者らが主張するような「学問」的真理を希求《ききゅう》する純粋な「学者」集団ではなく、「戦後レジーム」を護持せんとする政治的磁気を濃厚に帯びた異形《いぎょう》の存在であることが分かる。

犯罪的な矛盾

そして、二〇一七年三月には、第三次の「軍事的安全保障研究に関する声明」を出し、「上記二つの声明を継承する」としたうえで、規制対象を「軍事的安全保障研究と見なされる可能性のある研究」にまで広げた。

先端的な研究であればあるほど、軍事にも民生にも応用されうる。将来どの分野にどう活用されるかは、当の研究者にも予想がつかない。

「見なされる可能性のある」となれば、防衛省や自衛隊が関心を持ついかなる研究も、学術会議の圧力を通じて中止に追い込まれかねない。明らかに「学問の自由」の侵害であり国家安全保障の阻害だろう。

民生用に開発された技術が軍事に応用される事例のみならず、逆に軍事用技術が民生分野に応用され、人々の生活を豊かにスムーズにした事例も数限りなくある。あらゆる情報通信技術は民生用にも軍事用にも使われるが、「軍事的安全保障研究と見なされる可能性」があるから開発を止めよと言うのだろうか。過酷な使用条件を前提とする軍事用を基準にしたほうが、民生用としても質が高くなる場合も多い。

潜在敵国やテロ集団に軍民両用技術が渡ることは当然警戒せねばならないが、学術会議はその点、中国の諸団体との交流には、無警戒どころか積極姿勢を見せてきた。共産党独裁の中国では、軍と民の線引きなどない。多くの人が「どこの国の団体なのか」と批判するとおり、犯罪的な矛盾だろう。

学術会議の声明は特に、防衛装備庁の「安全保障技術研究推進制度」を敵視し、幾重《いくえ》にも「慎重」姿勢で臨むよう大学はじめ研究機関に強く求めている。「研究成果は、時に科学者の意図を離れて軍事目的に転用され、攻撃的な目的のためにも使用されうる」から、そうした可能性のある場合は受け入れてはならないと言うのである。

しかし、「軍事的な手段による国家の安全保障にかかわる研究」には手を出すなと言うのは、侵略を抑止するには「軍事的な手段」も必要と考える研究者の思想並びに「学問の自由」を否定することに他ならない。

目立った実例の一つが、北海道大学の奈良林直《ならばやしただし》名誉教授が指摘するケースである。

「北大は二〇一六年度、防衛省の安全保障技術研究推進制度に応募し、微細な泡で船底を覆《おお》い船の航行の抵抗を減らすM教授（流体力学）の研究が採択された。この研究は自衛隊の艦艇のみならず、民間のタンカーや船舶の燃費が一〇％低減される画期的なもの」だったが、「学術会議からの事実上の圧力で、北大はついに二〇一八年に研究を辞退した」という。

当時の報道や関係者の証言によれば、Mこと村井祐一教授にとって三年計画のプロジェクトが二年目で「強制終了」させられるのは大きな打撃だったが、学内外の左翼勢力からの攻撃が高まるなか、「学術会議の宣言を突き付けられては従う他ない」とする北大総長以下幹部の判断に「大学の現役の一研究者としては」逆らえなかったという。

同教授は産経新聞のインタビューに「大学と長期間にわたって協議したので、その判断を受け止めたい」と冷静に語っているが、内実を知る関係者は、当時村井氏の表情には口《くち》惜《お》しさが溢《あふ》れていたと証言している。

表面上、当該教員も納得の上、大学の総意として研究の中途辞退を防衛省に申し出たという形が取られたが、実態は、学術会議の圧力による村井教授らの「学問の自由」侵害に他ならなかった。その分、「学問の進歩」も妨《さまた》げられ、日本の自衛能力の向上、経済発展も阻害された。

国会に「学術会議廃止法案」を

こうした骨のない対応をしたのは北大執行部だけではない。たとえば京大は、学術会議の「軍事的安全保障研究」禁止声明から一年後の二〇一八年三月に「京都大学における軍事研究に関する基本方針」を発表し、「本学における研究活動は、社会の安寧《あんねい》と人類の幸福、平和へ貢献することを目的とするものであり、それらを脅《おびや》かすことにつながる軍事研究は、これを行わないこととします」と宣言している。

文の冒頭に「創立以来築いてきた自由の学風を継承し」とあるが、学術会議の決定に追従し、「平和への貢献」と「軍事研究」を対立物と捉《とら》える硬直した発想のどこに「自由の学風」があるのか。学術会議の誤りに敢然と抵抗してこその「自由の学風」ではないのか。

京大は私の出身校だが、自由な発想が湧き出る素晴らしい教授もいれば、そうでない教授もいた。要するに普通の大学である。学術会議の「権威」に立ち向かうだけの人材が、残念ながら二〇一八年当時の執行部にはいなかったようだ。

大学を威圧する学術会議の力は、「優れた研究又は業績がある科学者」のうちから「内閣総理大臣が任命」した会員によって構成される国立機関であることに由来する（日本学術会議法第七条）。

しかし言うまでもなく、歴代自民党政権は「軍事的な手段」も国家安全保障に不可欠との立場を取ってきた。あの「悪夢」の民主党政権ですら、その点変わらない。

したがって本来、選挙で選ばれた国会議員多数の考えを真っ向から否定する声明を学術会議が出した二〇一七年の時点で、国会に「学術会議廃止（民営化）法案」が提出され、与野党多数の賛成で成立していなければならなかった。特に野党議員らは、昭和戦前期の「統帥権干犯《とうすいけんかんぱん》」のごとく一部学界利権集団の主張に便乗して事の政局化を図るのではなく、自らの無為《むい》を反省せねばならない。

日本の大学教員には、いまだ旧社会党的な「非武装中立」を唱える化石左翼が多い。同時にその多くは媚中派《びちゅうは》であり、中国政府の軍拡や人民監視体制の強化に資する技術を流出させてはならないといった問題意識はない。

彼らが各種学会で多数派を構成する以上、その代表選手を集めた学術会議も、政府の安全保障政策を否定する人々が差配《さはい》し続けることになる。

年間十億円超の税金を出す必要があるのか

言い換えれば、北朝鮮や中国の脅威に目を閉ざす空想的平和主義者が徒党を組み、現実主義的な研究者を圧迫する仕組みとなる。首相に任命された特別職国家公務員という身分を振りかざし、税金から手当を受けつつ、である。これまた許されざる者たちであろう。

政府の防衛事業を組織を挙げて妨害する、人事はすべて自分たちで決める、黙って税金からカネを出せといった虫の良い話をいつまで許すのか。彼らと考えを同じくする共産党やれいわ、社民党などから成る政権が実現した暁《あかつき》に、各種審議会委員なり内閣府参与なりに任用してもらえばよいだろう。仮にも保守を掲げる自民党中心の政権下で、これ以上倒《とう》錯《さく》した状況を放置してはならない。

学術会議の側も、多少の矜持《きょうじ》があるなら、六人を任用拒否した「不見識きわまりない」首相が任命権を持つ官製組織など憤然《ふんぜん》とボイコットし、独自に「真正学術会議」を作るくらいの気概を見せるべきだろう。年間十億円の手当や経費くらい、朝日新聞や左翼文化人に頼み込めば何とかしてくれるはずだ。いつまでも税金にしがみつくべきではない。任命を拒まれた一人、岡田正則早大教授は次のように述べている。

研究者だけで完全に独立した組織を作るというのも一つの考え方だと思う。しかしいまの日本で、日本学術会議のような学者の連合体が作れるか、ただでさえボランティアでやっている状況なので、そこが問題だと思う。

何を甘えたことを言っているのか。私も役員を務めていた民間シンクタンク、国家基本問題研究所（櫻井よしこ理事長）は会費と寄付のみで運営し、各分野の専門家や政治の現場に通じたジャーナリストを集めて毎週研究会を行い、提言活動を行っている。一銭の税金も入っていない。

「（学術会議は一回の出席あたり）手当ても二、三万円くらいだし、みんなボランティア精神でやっている」と岡田氏は訴える。フラッと顔を出し、左翼的コメントを口にしただけで二、三万円は、彼らが好きな「庶民感覚」から言えば暴利に近いだろう。

私は国基研の評議員兼企画委員兼研究員を務めたが、手当ては見事にゼロだった。毎日、朝から研究所に詰める常勤の事務局員は別だが、大学やその他の勤め先から給料を貰い、時々会議に参加する程度の人間はそれでよいと思っている。

左翼勢力も国基研同様、会費や寄付を募って、あるいは自腹で活動すればよい。なぜ、権威主義的左翼がメンバーを談合で決める会合（実態は政治活動）にだけ、国民が年間十億円以上の税金を出さねばならないのか。

左翼教員たちの恫喝めいたセリフ

菅政権下の六人任用却下問題では、左翼教員たちの鼻持ちならないエリート意識も改めて浮き彫りになった。

却下組の一人、松宮孝明《まつみやたかあき》立命館大教授は盛んにメディアのインタビューを受け、「ここ（学術会議）に手を出すと内閣が倒れる危険がありますよ。なので、政権は撤回するなり早く手を打ったほうがいいですよ。これは政権のために申し上げておきます」と恫喝めいたセリフまで口にした。

松宮（と大学の同窓なので気安く呼ばせてもらうが）とは、専門分野は違ったが（彼は刑法）、大学院の受験勉強に寧日《ねいじつ》ない猛暑の折、何人かでクーラーの効いた部屋を借り、机を並べたこともある。

知らぬ仲でもないので敢《あ》えて言うが、真面目な学徒だった君が、愚かなメディアと愚かな野党に猿回しの猿よろしく踊らされ、「学問の自由」侵害の被害者を演じているさまは「痛い」。

「学問の自由に対する挑戦」などと実際は感じてもいない綺麗ごとを言うのではなく、俗な政治家が任命権を持つような組織は学問の探究とは無縁どころか有害でありこちらから願い下げ、と啖呵《たんか》を切るべきだった。政府は俺を任命せよなどと運動をするのではなく、学術会議自主解体論を唱える姿を見たかった。

異質の精神

この間の動きで最も顰蹙《ひんしゅく》を買ったのは、静岡県の「学者知事」川勝平太《かわかつへいた》氏だった（世間を呆れさせる言動が続き、二〇二四年五月に辞任）。二〇二〇年十月七日の会見で、次のように述べている。

菅義偉という人物の教養のレベルが図らずも露見したということではないか。菅義偉さんは秋田に生まれ、小学校中学校高校を出られて、東京に行って働いて、勉強せんといかんということで（大学に）通われて、学位を取られた。その後、政治の道に入っていかれて……。学問された人ではないですね。単位を取るために大学を出られたんだと思います。

まず、秋田に生まれ育ったことが教養のレベルと何の関係があるのか。東京なら教養が身に付くのか。「田舎者は無教養」という出身地に関する度《ど》し難《がた》い偏見に毒されているか、頭と舌が相当ゆるいか、どちらかだろう。表面的な学歴が人間の教養のレベルを決めるという発想も、憐《あわ》れなまでに権威主義的であり、教養俗物的である。人格識見に劣る知事は多いが、この人物は間違いなく最低レベルだった。

学術会議を牛耳ってきたのも、真の教養を欠くこうした独善的な「学者」であり、その意味で応援団にふさわしい道化師《どうけし》ではあった。

なお、自らを一片《いっぺん》の恥じらいもなく「学者」と称する大学教員を見ると、異質の精神を感じざるを得ない。

私にとって学者とは、経済、法学、政治学にまたがる壮大かつ緻密《ちみつ》な業績を残したフリードリヒ・ハイエクのような人を指すのであって、私も含む一般の大学教員は、学徒ではあっても学者を自称してよい存在ではない。そうした自省《じせい》の心、というより常識を欠くのが、「政治家が学者の人事に口を出すのは許されない。独裁への道だ」などと叫んで恥じない人々、すなわち学術会議の構成員たちである。

いい加減、大学教員はプライドのみ肥大化した夜郎自大な連中と世間に印象づけるのはやめてもらいたい。

朝日新聞が社説で、「このままでは学者が萎縮《いしゅく》し自由な研究や発信ができなくなるおそれがある」と書いていたが、そんな情けない人間と見なされたことに対し、全国の左翼教員たちは憤慨《ふんがい》すべきではないか。

疑われる「偽装転向」

メディアにおいては、反政府的立場の学者を入れるところに学術会議の意義があるといった議論が盛んである。しかし彼らは日常的に左翼野党と協同し、それら議員の国会質問という最もオープンかつ効果的な形を通じて批判を発信している。野党側公述人として国会で意見を述べる機会も少なくない。左翼の大学教員から改めて「提言」を受ける常設の税立機関など必要ない。

左翼教員らも実は、政府が自分たちの「提言」に耳を傾けるとは思っていない。彼らが学術会議の存続に固執するのは、全国の大学に対する威嚇《いかく》装置としての機能を重視するからである。その宣言文が、先に触れた二〇一七年の「軍事的安全保障研究に関する声明」に他ならない。

野党やメディアからは、六人を任用拒否した理由を説明しろと政府を追及する声が連日上がった。少々挑発的だが、こう撥《は》ね付ければよかった。

「政府としては、この六人には税金を使って提言してもらうほどの見識がなく、また国際交流に関与させると国益を損なう言動をする可能性が高いと判断した」

その判断がおかしいと言うなら、野党は反証を示して選挙の争点にすればよい。

一方、自民党のほうは、個々の任用の問題を超え、学術会議の廃止を明確に争点にすべきだ。推薦システムの微修正や政府全額出資の財団法人など、焼け太りを許しかねない「改革案」で妥協してはならない。

二〇二二年七月二十五日、学術会議の梶田隆章《かじたたかあき》会長（当時）は、「先端科学技術、新興科学技術には用途の多様性、両義性の問題が常に内在している。デュアルユース（軍民両用）と、そうでないものの単純な二分はもはや困難だ。科学技術を潜在的な転用の可能性で峻別《しゅんべつ》し、扱いを一律判断することは現実的でない」と現実的な認識を記した文書を小林鷹之《たかゆき》科学技術相（当時）宛《あて》に提出し、ホームページでも公表したが、二日後の記者会見では、一九五〇年の「戦争を目的とする科学研究は絶対に行わない」という声明を否定できないとも話している。「偽装転向」を疑うに十分だろう。

二〇二三年十二月、政府は、「内閣府特命担当大臣決定」として「日本学術会議の法人化に向けて」と題する文書を発表、「日本学術会議を国から独立した法人格を有する組織とする」との方針を打ち出したが、「必要な財政的支援を行う」とも記しており、かえって焼け太りになる懸念もある。学術会議側は、この「大臣決定」に抵抗を続けており、二〇二四年十一月現在、法制化の見通しは立っていない。これ以上の遅延は許されず、一切の「財政的支援」（税金贈与）抜きに速やかに完全民営化すべきである。

第十章　言論抹殺

日本言論史に重大な汚点

二〇二三年の夏、KADOKAWAのある編集者から、トランスジェンダー問題を扱って欧米で大いに論議を呼んだ女性ジャーナリスト、アビゲイル・シュライアーの『不可逆的なダメージ』の邦訳版を出すことになったので種々協力を得たいとの連絡をもらった時、非常によいことだと思った。

私は、二〇二〇年に原書が出版されて話題になったのを知り、より正確に言えば、左翼から猛烈な攻撃を浴び、保守派から高く評価されたのを知り、すぐさま購入して通読した。

トランスジェンダーを自認する（あるいは過去に自認した）少女やその親、精神科医、研究者、心理カウンセラーなどに広く、丹念に取材した優れた仕事だと感じ入り、二〇二三年七月に出版した拙著『腹黒い世界の常識』（飛鳥新社）においても約五ページにわたって重要論点や注目すべきファクトを紹介した。

そうしたなか、訳書出版まで約一カ月となった十二月三日朝、担当編集者から、「予約販売を開始して、やっと情報解禁できた。無事に出版までこぎつけたら、と願っている」との趣旨のメールをもらった。

活動家方面からの攻撃が勢いを増していると聞いていたが、まあ大丈夫なのだろうと思っていたところ、十二月五日になって同編集者から、「すみません、結局刊行は中止になりました。本当に申し訳ございません。ふがいなく情けないです」とのメールが舞い込んで唖然《あぜん》とした。

同日、KADOKAWAのホームページに「学芸ノンフィクション編集部よりお詫びとお知らせ」と題する一文が掲載された。

来年（二〇二四年）一月二十四日の発売を予定しておりました書籍『あの子もトランスジェンダーになった　SNSで伝染する性転換ブームの悲劇』の刊行を中止いたします。刊行の告知直後から、多くの方々より本書の内容および刊行の是非について様々なご意見を賜《たまわ》りました。本書は、ジェンダーに関する欧米での事象等を通じて国内読者で議論を深めていくきっかけになればと刊行を予定しておりましたが、タイトルやキャッチコピーの内容により結果的に当事者の方を傷つけることとなり、誠に申し訳ございません（後略）。

「タイトルやキャッチコピー」が当事者を傷つける内容だったとKADOKAWAは言う

が、言い訳にならない。仮にそうなら、変更の手を加えれば済む話だ。しかも原書の副題は「我々の娘たちを誘惑するトランスジェンダー狂熱（Transgender Craze Seducing Our Daughters)」で、日本以上に刺激的ともいえる。英米の出版社は、内容が真摯《しんし》なジャーナリズムの仕事であることを説明して、表面的な批判は当たらないと反論している。

KADOKAWAの担当編集者は、出版に向けて最後まで頑張ったと聞く。夏野剛《なつのたけし》社長以下、会社幹部陣が十二月四日前後に、腰砕けになったわけだろう。

原書はアメリカでもイギリスでも、左翼活動家方面から、絶版を求める激しい攻撃を受けている。しかし、出版社は動じなかった。KADOKAWAは、日本言論史に重大な汚点を残したと言える。経営陣は責任を明らかにするべきだろう。

米保守派からも「日本の言論界は大丈夫か」

日本語版出版中止を知った著者のシュライアーは翌六日、自身のXにポストし、「活動家が率いるキャンペーンに屈することによって、KADOKAWAは検閲《けんえつ》勢力を勢いづかせた。アメリカは日本から学ぶべきことが多々あるが、我々は検閲的な恫喝《どうかつ》にどう対処するかについて彼らに教えることができる」と述べている。

米保守派からは、「日本の言論界は大丈夫か」との不信の声が上がった。KADOKAWA経営陣は論外の弱さを見せたが、他社が代わって翻訳出版することで、恫喝を排するに当たって日本は何らアメリカの助けを必要としない旨《むね》を示さねばならない。と思っていたところ、産経新聞出版の瀬尾友子《ともこ》編集長が乗り出し、二〇二四年四月、無事出版にこぎつけた。慶賀《けいが》に堪《た》えない。

米議会上院は、民主党が提出したLGBT差別禁止法案（英語の名称は、一般的装いをこらした「平等法」）を審議するに当たって、公聴会にシュライアーを公述人の一人として呼んでいる（共和党の推薦）。彼女の本の影響もあって、法案は廃案となり、①差別の定義が曖昧《あいまい》なため逆差別を生む、②トランスジェンダーの権利を女性の権利の上に置くような特別法を作ることで女性の保護が危うくなる（特別法は一般法に優越するという法の世界の原則があるため）、③まだ性観念の曖昧な子供たちを危険な形で混乱させる、④信仰の自由を侵《おか》す、などの理由で共和党がこぞって反対のため、予見しうる将来、成立の見込みはない。

一方、日本では二〇二三年六月に、米民主党政権の圧力を受けた国会が、安倍首相亡《な》き自民党までが前のめりになり、ろくに審議もせずLGBT理解増進法（私はLGBT利権法と呼んでいる）を通した。その結果、同法を論拠の一つとして、最高裁が七月以降、次々と女性の保護を危うくするトランスジェンダー判決を下した。主文や裁判官の個別意見を読むと、性自認、さらに言えば複雑な「性の世界」に関する認識が実に単純で甘い。シュライアーの本は、まず誰よりも、国会議員や裁判官が熟読すべき内容と言える。

「患者」は十代前半の少女が最多

以下、同書の中身を論ずる前に、KADOKAWAが不適切だったと「反省」して見せた同社制作のキャッチコピーを引いておこう。

その熱狂はSNSで伝染する。
気鋭《きえい》のジャーナリストがタブーに挑む大問題作！
ジェンダー医療を望む英国少女が十年で四四〇〇％増！
米国大学生の四〇％がLGBTQ！
幼少期に性別違和がなかった少女たちが、思春期に突然〝性転換〟する奇妙なブーム。
学校、インフルエンサー、セラピスト、医療、政府までもが推進し、異論を唱えれば
医学・科学界の国際的権威さえキャンセルされ失職。

これは日本の近未来?
LGBT法が施行され、性同一性障害特例法の生殖不能要件が違憲とされた今、子どもたちを守るためにすべきこととは――。

このキャッチコピーは、内容に即しておおむね良くできている。出版中止を正当化するような歪《ゆが》みはどこにも見られない。

以下、シュライアー本のポイントをいくつか挙げておく。

まず、性別違和の「治療」にかかわる問題である。

性同一性障害と確認され、適切な医学的・薬学的対応が必要なケースはたしかにあるだろう。しかし、発達途上の児童に関してはとりわけ慎重な対応が求められる。性転換手術や異性ホルモンの投与は、のちに思春期特有の「気の迷い」だったと分かっても、取り返しがつかない、あるいは重大な後遺症を残しかねないからである。

性別違和を訴えてアメリカやカナダの医療機関を訪れる人々を年代別に見ると、最大のグループは十代前半の少女だという。しかもその数が近年、激増している。「患者」の大半は、幼少期に特に目立った性別違和の兆候を見せていなかった。

背景をなす事情として、カミングアウトした自称トランスジェンダーを半ば英雄扱いし、しばしばインフルエンサーとまではやし立てる左傾マスコミや進歩派文化人の存在、学校におけるＬＧＢＴイデオロギー教育の影響を見る専門家は多い。

したがって、周りの同調プレッシャーに弱く、精神的不調に陥《おちい》りやすい思春期の少女を安易に異性ホルモンの接種や外科手術に導くなら、多くの非常に悲劇的な被害を生みかねない。

著名な心理学者のリーサ・マーキアーノは、精神的不安定に襲われた児童は、その時代において最も受け入れられやすい理由に原因を求め、訴えようとしがちで、それが現代では性別違和になっている可能性が高いと言う。

異論を許さない「神の宣誓」

この十数年来、性別違和を扱う北米のセラピストの世界では「肯定的ケア」(affirmative care）が支配的潮流となってきた。リベラル派が強い州においては、異論を許さない「神の宣告」に近い様相すら呈している。

すなわち、性別違和を訴える「患者」を、様々な複合的悩みに囚《とら》われた女子と見るのではなく、女子の肉体に囚われて苦しむ男子と見なければならず、自分はトランスジェンダーだという自己診断をそのまま受け入れて、異性ホルモン投与や性転換手術に進むのが正しいとする立場である。

この立場からは、性別違和を「一時の気の迷い」の可能性大と見て、生来の性に適合した精神状態に導こうとする努力は、トランスジェンダーに対する無理解、さらには古い偏見に基づく差別とすら見なされる。

もちろん、こうした「肯定的ケア」に批判的な専門家もいる。まず、幼少期においては七割近い児童のジェンダー意識が流動的で、折に触れ性別違和を覚える者も多い。しかし大半は、成長するに従って生来の性に意識を適合させていく。誰が第二次性徴期《せいちょうき》を過ぎてもトランスジェンダー的であり続け、性同一性障害との診断が確定するかを予測するのは不可能に近く、したがって、幼少時の性別違和を不可逆的と見なすのは非常に危険である。

性別違和問題の国際的権威で、カナダのトロント精神健康センターの中心的な心理学者だったケネス・ザッカーは、幼児期や思春期の精神不安は、その原因を安易に一つの問題に収斂《しゅうれん》させてはならず、患者の置かれた全体状況を見なければならないとの立場を採る。

それゆえ、いやしくも性別違和問題の医療専門家であるなら、患者の自己診断をそのまま受け入れてはならない。性別違和を、対処の必要な精神不調ではなく、祝福さるべきアイデンティティ発見と見なして無条件に寄り添う「肯定的ケア」は専門家の責任放棄であり、そもそもケアとは言えないというのがザッカーの立場である。

同じ立場を採る別の専門家は、これを「医師は商人とは違う。商人にとっては『お客様は神様』だが、医師は独自の専門的判断に基づき、患者の自己認識や願いを時に斥《しりぞ》けねばならない」と表現する。

リベラル派主導で制定した法律

ザッカーが治療に当たったある少年のケースでは、少女になりたいという本人の願望は、よく調べてみると、肉体的な性別違和によるのではなく、シングルマザーの母親に一度遺棄された経験から、再び棄《す》てられるリスクから免《まぬか》れるため、母親とより密接な関係を結べるだろう女の子に変わりたいとの思いに発したものだったという。

したがってこの場合、ザッカーの治療は、棄てられるという少年の強迫観念への対処に力点が置かれた。性転換処置は行わなかった（もっともザッカーにおいても、性別違和が継続的で、精神不安の主原因と確認されたケースに関しては性別適合医療を推奨している）。

ところが二〇一五年、オンタリオ州（ザッカーが所属した医療機関があるトロントはその州都）は、性別違和に関して「転換セラピー」（生来の性に適合させるのを基本とするザッカー流の治療）を禁じる州法を、リベラル派主導で制定した。

その結果、「トランスジェンダー嫌い」の専門家を排除せよとするLGBT活動家らの激しい攻撃を受けたトロント精神健康センターは、ザッカーを解職した。

アメリカでも約二十のリベラル州が同様の規制を設けるに至っており、それらの地域のセラピストは職を維持するため、少なくとも表向きには「肯定的ケア」の立場を採らざるを得なくなっている。ポリコレによる専門的知見の抑圧という他ないだろう。これでは個々の患者本位のケアも医療科学の発展もない。

こうした活動家のポリコレ圧力で進められる「肯定的ケア」やLGBTイデオロギー教育を日本に浸透させてはならず、その意味でも、シュライアーの丹念な報告は日本でも広く読まれるべきである。

シュライアー本のもう一つの重要な貢献は、いわゆるトランスジェンダーに二種類あるとの知見を、一般向けに分かりやすく紹介したことである。

この点についてシュライアーは、性別違和研究の権威の一人、レイ・ブランチャード博士の見解を詳しく取り上げている。

活動家にとって「不都合な真実」

まず第一の類型は、「同性愛的トランスセクシュアリズム」で、幼少期に女性的な少年あるいは逆に男性的な少女といった特徴が表れ、そのまま長じて、ゲイやレズビアンになるタイプである。我々が普通にイメージするトランスジェンダーがこれだと言える。

第二の類型は、「自己女性化性愛症的（autogynephilic）トランスセクシュアリズム」で、青年期以後に特徴が表れ、男の場合で言うと、「女性になった自分」を想像して性的興奮を覚えるが、性的対象はあくまで女性というタイプである。たとえば、五十歳代になって女装を始めるが、女性と結婚するケースなどは多くこのタイプに該当すると考えられる。

トランスジェンダーの一部は自己女性化性愛症の男性というこのブランチャードの説は、LGBT差別を助長する偏見だとして活動家の激しい攻撃を受けることになる。

しかし、シュライアーは経験に照らして、この説の正しさは否定できず、女性の保護の観点から真剣に向き合うべきと主張する。原書の文章を引いておく（島田訳）。

自己女性化性愛症者の存在が重要な一つの理由は、その認識が、女性の安全スペース確保につながるからである。もしトランスジェンダーを自認する生物学的男性が、女性に対して全く性的関心を持たないなら、いかに心落ち着かぬ状況であっても、彼らを女性専用スペースに入れることにほとんど危険はない。

しかしトランスジェンダー男性のなかに、女装や女性的姿態を取ること一般に性的興奮を覚える異性愛者が含まれるなら、ことの性格は変わってくる。性自認が女性だという男性を女性専用スペースに入れることを正当化するのは難しくなろう。しかし自己女性化性愛症者が存在することは否定しがたい。

非常に重要な指摘だろう。

一部しか紹介できなかったが、シュライアーの本には、常識的な性別の捉《とら》え方を古い偏見と位置付けることを通じて、従来の家族制度や情操教育システムを解体し、伝統社会を切り崩そうと考える人々にとって「不都合な真実」が数々取り上げられている。

日本社会は、まだアメリカほど被害や混乱が広がってはいない。多くの少年少女が「取り返しのつかぬダメージ」を受け、激しく後悔する悲惨な事態を生まないためにも、本書の原書ないし日本語版『トランスジェンダーになりたい少女たち　SNS・学校・医療が煽《あお》る流行の悲劇』（産経新聞出版）は関係者にとって必読と言える。ところで、やはりと言うべきか、日本語版が出た直後から出版社や書店に抗議や脅迫が続き、書店の店頭から引き上げられる事態ともなった。卑劣《ひれつ》な脅《おど》しに屈するとテロリスト予備軍を勢いづかせる。関係業界に一層の気概が求められよう。

第十一章　テレビ人間

中国だけにヒステリック？

元大阪市長でワイドショー・タレント兼コメンテーターの橋下徹氏が多少なりとも私の書くものを読んで反発を覚えているらしいと知ったのは、彼の次のポストに接した時である。

陰謀論を振り撒《ま》く百田グループ、国際政治の中で中国だけにヒステリックになっている福井大学の学者、恥ずかしい裁判を抱えている元自称ジャーナリストはしっかり指摘して来い！（二〇二二年五月十日）

私は当時、福井県立大学に籍を置く教員で、「福井大学の学者」ではないが、ここは単純な誤りとしておこう。

「指摘して来い」の対象は、橋下氏が大阪市長時代にメガソーラー設置事業に参入させたとされる中国・上海電力絡《がら》みの問題点を指す。

しかしそもそも、私は上海電力の件について詳しく論じたこともなければ、誰か特定の個人を具体的に追及したこともない。

従来型の太陽光パネルは、適地で適度に使う限り補助電源として有効であっても、大容量を安定的に供給するベースロード電源にはなり得ない。製造から使用、廃棄までのライフサイクルで見ると環境負荷も相当大きい。にもかかわらず、「バスに乗り遅れるな」とばかり、それを日本全国に敷き詰めようとする政界の前のめり姿勢を批判してきただけである。この点、大阪府知事、市長時代の橋下氏は不見識な政治家群の一人に過ぎない。

彼に関して「しっかり指摘」したい点は他にある。

私に対する橋下氏の非難はもっぱら、私が「国際政治の中で中国だけにヒステリックになっている」と彼の目に映ることにあるらしい。しかしこれは極めて奇異な主張だ。拉致《らち》被害者を「救う会」の副会長を務めていたこともあって、私はこれまで、中国以上に北朝鮮の独裁者を厳しく指弾してきた。しかしなぜか橋下氏の意識から、そこは一切抜け落ちているらしい。

詳しくは後述するが、時に橋下氏は異様な対中すり寄り姿勢を示す。これは彼にとって「最大の飯のタネ」であるテレビ出演が関係していると見るのは穿《うが》った見方だろうか。

彼が連日の如くコメンテーターとして顔を出すテレビ番組のスポンサーには、中国に相当規模の投資をし、共産党政権に気を遣《つか》わざるを得ない立場の企業が多い。

一方、長期にわたる経済制裁のせいで、北朝鮮と深い関係を持つスポンサー企業は、いまやゼロに等しい。朝鮮総連も、マスコミを震え上がらせたかつてのような「抗議行動」の力を持たない。要するにテレビ業界にとって、北はもはや、さして気をもむべき相手ではない。

また私は、本書でも明らかなように、バイデン米大統領の不見識を事あるごとに批判し、カマラ・ハリス副大統領についても「逃げ隠れ以外能がない」「歩くポリコレ」などと厳しく叩いてきた。

しかし自由主義大国アメリカは、日本のテレビ局やスポンサー企業に対する陰湿ないやがらせ行為には通常出ない。したがって私のバイデン政権批判もテレビ人間・橋下氏のアンテナに引っ掛かってこないのだろう。

しかし中国は違う。自由主義圏全体において、メディア業界に加速度的に陰湿な圧力を掛けてきている。各国駐在の「外交官」による戦狼《せんろう》外交はその一端に過ぎない。

そこで私の中国論だが、少なくとも自己認識においては、常にファクトに基づいて冷静に分析してきたつもりである。

しかし橋下氏の目には、中国だけに不当にヒステリックと映るようだ。これは彼の意識が、中国共産党政権（以下、中共）の職業外交官らとほぼ同次元にあるからではないか。ちなみに橋下氏が叩く「百田グループ」とは作家の百田尚樹氏（現日本保守党代表）や有本香氏（同事務総長）を指し、「恥ずかしい裁判を抱えている元自称ジャーナリスト」は山口敬之《のりゆき》氏を指すらしい。

論客の各氏に代わって私が反論する必要もないが、百田氏や有本氏は、安倍首相亡《な》きあとの自民党の堕落ぶりに憤慨《ふんがい》して日本保守党を立ち上げ、短期間で国政政党に育てたことに見られるように「陰謀論」に沈潜《ちんせん》するタイプではないし、山口氏は保守系雑誌やネット番組にしばしば登場する現役のジャーナリストである。「元自称」は当てこすりのつもりだろうが、論者自身の卑小《ひしょう》さを露呈する「恥ずかしい」類《たぐい》の嫌味といえよう。

山口氏の裁判については詳《つまび》らかにしないので、コメントしない。ただ、性被害をめぐる係争は、アメリカにおけるブレット・カバノー最高裁判事の承認騒動に見られたように（高校生、大学生時代の同氏に性被害を受けたとする女性三人の証言は、明らかな虚偽か人違いであった）、近年、主に左翼勢力によって政争の具に供《きょう》される傾向が強い。

個々の裁判に言及する以上、しっかりファクトを押さえる必要がある。橋下氏も、仮にも弁護士なら、事案の態様が「恥ずかしい」云々《うんぬん》ではなく、冤罪《えんざい》に与《くみ》することを最も「恥ずかしい」と感じるべきだろう（いかにもアメリカ的な政治的冤罪というべきカバノー事件の詳細については拙著『アメリカ解体』ビジネス社参照）。

原発をめぐって豹変

私は橋下氏とは一切面識がないが、福井県民として、腹に据《す》えかねる事案があった。

二〇一一年三月の東日本大震災を受け、橋下氏は、同年十月までは大阪府知事として、十二月以降は大阪市長として、「安全性を誰も確認していないのに原発再稼働など許されない」「こんなことを許すなら民主党政権を倒さねばならない」等々、当時のマスコミ世論に便乗した再稼働反対論を唱えていた。

ところが二〇一二年の半ば、気象庁が猛暑予想を出し、夏場の電力不足が顕在化《けんざいか》した途端、一転して、福井の原発をただちに動かして大阪に電気を送れと叫び始めた。

しかし同年秋、無事電力危機が乗り越えられるや再度豹変《ひょうへん》し、当面必要がなくなったので福井の原発をすぐ停めろと主張しだした。

この時期、原発再稼働に要する政治的エネルギーは、それ以前とは比較にならないほど大きかった。また再稼働にせよ、停止にせよ、現場では相当な準備作業を要する。マスコミに迎合する一首長の都合で、オン、オフを簡単に切り替えられるような気楽な世界ではない。

当時、旧自治省出身でとかく官僚臭が強いといわれた西川一誠《かずみ》福井県知事（当時）が、珍しく記者会見の場で橋下氏への怒りをあらわにしたのを覚えている。

沖縄の米軍普天間《ふてんま》基地の移転に関して、「最低でも県外」から突然「抑止力について学んだ。辺野古《へのこ》しかない」に変わり、その後再び「辺野古はダメ」に転換した鳩山由紀夫元首相と同レベルの無定見ぶりであった。

のちに橋下氏は、「最大の論点は原発がなくても電力は足りるのか足りないのか、だった」と、次のように振り返っている（橋下徹「あのとき僕が原発『再稼働』を容認した理由」PRESIDENT Online二〇一六年十月二十六日）。

そしたら「大阪府市エネルギー戦略会議」のメンバーであり、原発なしでも電力は足りると言い続けていた飯田哲也《てつなり》さんが（政府の「需給検証委員会」で）大惨敗した。結局、原発がなければ電力は全く足りないという結論だった。僕にしてみれば「ハアーーっ？」て感じ。

飯田さんも元通産官僚の古賀茂明さんも、原発が動かなくても電力は足りるから、ここで原発を再稼働させなくてもいいと、ずっと僕に言い続けてきて、僕はそれを前提に原発再稼働阻止の実行プロセスを構築していたのに。

少しくらい足りないという程度だったら踏ん張っていたけど、全く足りないという結果だった。

常に確信ありげに戦闘的言辞《げんじ》を弄《ろう》する橋下氏だが、その実、軽佻浮薄《けいちょうふはく》な側近に踊らされたに過ぎず、あげくに梯子《はしご》を外され、茫然自失《ぼうぜんじしつ》の体《たい》だったというのである。「ハアーーっ？」はこちらのセリフだ。実に無責任を絵に描いたような反原発サークルの実態である。

当時橋下氏が信頼を寄せていた再生可能エネルギー原理主義者の飯田哲也氏は、この騒動ののち辞任し、事態をこう振り返っている（「原発再稼働で『橋下さんはヘタ打った』と大阪府市の元ブレーン・飯田哲也氏」『週刊朝日』二〇一二年七月六日号）。

橋下さんが（福井県にある）大飯《おおい》原発の夏季限定稼働を言い出したのは、五月十九日の関西広域連合の委員会でした。それで翌週の二十二日に、「きちっとそのあたりの話を詰めましょう」ということで、橋下さんと松井（一郎・大阪府知事）さん、古賀（茂明・特別顧問）さんと私の四人で食事をしながらかなりじっくり話し合いました。

そのときに、松井さんは「電力は足りるんだね」と言ってくれたんですが、橋下さんは「もう足りる、足りないという話はモードとして終わったんでね」と言ったんです。

私は「あれ？」と思いました。終わるどころか、その話はいちばん重要なので、なんでそういうことを言われるのかな、と。意図が理解できなかったですね。

以上の飯田氏の回想がどこまで正確かは分からないが、「（何々の）話はモードとして終わった」という言い方はいかにも橋下氏らしい。理念でも政策論でもなく、その時々の「モード」（流行形式）が最重要なのである。長期的国益や一貫性などハナから彼の念頭にない。飯田氏はさらに回顧談を続ける。

後になって、関西広域連合の中で原発を推進したい意見があって、橋下さんたちが限定再稼働の線まで押し戻した、という話を聞きました。しかし、結果としてこのトリッキーな提案で「再稼働ストップ」の戦略は総崩れとなりました。

「限定再稼働」すなわち一部原発の一時的再稼働という「トリッキー」な案で、橋下氏は原発推進派と廃止派の両方に迎合を図ったわけだが、それは原理主義者たる飯田氏にとって決定的裏切りに他ならなかったのである。飯田氏の橋下批判は続く。

私自身は、橋下さんに幻滅したというより、「センス悪いな」と感じましたね。結果として橋下さんはこれで評価を落とした。官邸はどうせ押し切ってくるのだから、橋下さんは最後の最後まで「再稼働は認められない」と頑張ればよかったんです。

それが正しいし、ポピュリズムの見地から見ても橋下さんの人気はもっと高まったでしょう。イメージ戦略から言っても誤っています。橋下さんはヘタ打ったな、と思います。

橋下氏は単なるポピュリスト（大衆迎合屋）に過ぎないが、迎合屋にしても三流で、中央政府に押し切られた悲劇の首長という「イメージ戦略」を採る賢明さが欲しかった、とこのブレーンは嘆《なげ》くのである。

類は友を呼ぶ。無責任な首長のもとには無責任なブレーンしか集まらない。こういう面々が大都市大阪の電力確保という重大事を弄《もてあそ》んでいた情景を見るにつけ、同時期に企画が進んだ大阪市メガソーラー事業（中国企業が関与）が地に足のついた形で進められたと見るのは難しい。

国益はおろか、大阪府民の生活も二の次で、「モード」に乗って「太陽光パネルを全国に先駆けて敷き詰めた橋下氏」というイメージ作りをしたかっただけではないか。日本の電力インフラ事業に浸透したかった中共から見れば、まさに格好のカモだったろう。

「どんな譲歩か」具体的に聞きたい

次いで中共に関する橋下氏の言動を見ていこう。

まず二〇二二年の北京冬季五輪についてである。橋下氏は、同じくフジテレビが重用してきたワイドショー・タレントの三浦瑠麗《るり》氏（元夫が中心となった太陽光パネル・スキャンダルで最近姿を見ない）らとともに連日、北京五輪「外交的ボイコット」反対論を開陳《かいちん》していた。

一方、たとえば私は、外交的ボイコットでは逆に不十分で、少なくとも開会式全体のボイコットが必要と主張していた。

以下、『月刊Hanada』二〇二二年二月号掲載の拙稿「北京五輪『開会式全面ボイコット』を」から一部、要約しつつ引いておきたい。

オリンピックの開会式に政府要人が出席しない「外交的ボイコット」は、開催国に対する批判の意思表示として最も低い段階のものである。私は、二〇二二年北京ジェノサイド五輪への対応の最低ラインは、選手団の行進も含めた「開会式全面ボイコット」だと思っている。

五輪は、特に開会式において、中国共産党政権の「党威発揚《はつよう》」に利用される。中共が、日本国憲法九条のする「武力による又は武力の行使」および人権弾圧を進める中、その司令部が存する北京での党威発揚行事に協力してよいはずがないだろう。

米バイデン政権のジェン・サキ報道官は、アメリカは北京五輪の「ファンファーレに貢献するつもりはない」と言う。それなら、ファンファーレそのものというべき開会式を、選手団の行進も含めて全面ボイコットする、が自然な答ではないだろうか。

サキは「人権のために立ち上がるのはアメリカ人のDNAだ」とも胸を張った。各国の政府幹部クラスは、自らの倫理性をアピールするため開会式に出ないが、選手たちは黙って習近平の前を行進し、その開会宣言と中国国歌を聞けというのは、アスリートたちの「DN

A」に寄り添った方針とは言えないだろう。
北京での五輪開催を前提としても（私は反対だが）、競技には参加するが習近平を主賓とする式典には参加しない「開会式全面ボイコット」が最も選手の心情に即したあり方ではないか――。

これが果たして、橋下氏の言うような「ヒステリック」な論かどうかは、読者の判断にゆだねたい。
その後二〇二二年二月下旬に、ロシアがウクライナ侵略を開始するや橋下氏は、中共を「刺激すべきでない」論の次元を超え、対露包囲網形成に中共の「協力」を得るには「手《て》土産《みやげ》」を差し出して譲歩せねばならないとの主張を打ち出すに至る。

政治はお願い。（中共が）お願いしても聞いてくれないとなったら、手土産を持って行く。まさにそういう政治をやって味方に引き入れないと（三月十八日、読売テレビの番組にて）。

同様の発言は、自民党の高市早苗政調会長（当時）を前に、フジテレビの番組でも飛び出している。産経新聞の記事から引いておく（三月六日付）。

ロシアに対する経済制裁について、橋下氏は「中国を取り込まないと制裁の効きが弱いともいわれている」と指摘。実効性を高めるには中国の協力が必要として、「中国に頭を下げてでも、こっちに付いてもらう必要あるか」と問いかけた。

これに対し、高市氏は「中国に頭を下げる必要はない」と反論した。橋下氏は「何かしらの譲歩がないと中国は乗ってこないじゃないか」とたたみかけた。高市氏は「どんな譲歩か」と不快感を示し……（以下略）。

まさに「どんな譲歩か」具体的に聞きたいところだ。

こちらが頭を下げてすり寄れば、「日本弱し」と見て、下げた頭を踏みにじってくるのが中共外交のパターンであろう。

習近平の「降伏請負人」か

プーチン・ロシアの侵略に関してさらに橋下氏は、抵抗すれば死傷者が増えるだけだから「政治的妥結」（降伏と同義だろう）をし、将来起こるかも知れない状況の好転に期待すべきだと、在日ウクライナ人研究者らに向かって居丈高《いたけだか》に説教してきた。

この態度自体論外だが、同時にこれは、暗に習近平に対して、「一切抵抗するなとボクが日本国民を説得するから、尖閣も日本本土も安心して獲《と》りに来ればよい」とメッセージを送っているに等しい。

かつて、特別背任罪《はいにん》に問われ海外に逃亡したカルロス・ゴーン日産元会長の弁護人を務めるなど「無罪請負人」を看板にし、マスコミで名を馳《は》せた弁護士がいた。

橋下氏も事実上、習近平の「降伏請負人」として、中共による日本占領、植民地化の先《せん》兵《ぺい》を演じるに至ったと言わざるを得ない。

中共は常に日本の世論動向を注視している。プーチン同様、独裁病が進行して益々判断力の低下した習近平が、大手地上波テレビ御用達《ごようたし》の橋下氏らの影響力を過大評価し、日本領土奪取を決意するといった事態も、あながち空想とは言えない。

橋下氏は即座に海外（中国あるいはロシアか）に逃げるつもりかもしれないが、自衛隊はもちろん多くの国民は戦いや抵抗を選ぶから、日本はウクライナのような状況に陥《おちい》りかねない（専守防衛を改めない限り、本土が戦場にならざるを得ない）。

トップに国際法感覚も人権感覚もない国の軍隊は、占領地で盗賊と化す。橋下氏らの降伏論は進んで略奪を呼び込むに等しい。現に、非武装のウクライナ人商店主らを背後から射殺したうえ、略奪、乾杯に及ぶロシア兵たちの姿が監視カメラに捉《とら》えられている。

橋下氏は次のようにも畳み掛ける。

軍事的合理性に基づく撤退は当然あり得る。問題は一般市民をどうするかだ。ロシア軍はウクライナ市民を虐殺するので戦うしかないと言っていたのなら一般市民を置き去りにする撤退はあり得ない(二〇二二年五月二十八日付ポスト)。

当初は降伏すればロシア占領下で平穏《へいおん》に暮らせると説いていたはずだが、ロシア軍の残虐行為が次々明らかになるにつれ、ウクライナ軍は市民を全員引き連れてどこかに撤退し、町を無人の状態でロシア軍に引き渡せとの立場に変わったらしい。

中国軍による日本侵攻の場合に置き換えれば、自衛隊は一般市民を連れていち早く安全地帯(どこにあるのか知らないが)まで撤退せよとの主張になろう。無傷のまま明け渡された家屋は中国兵が利用し、やがては一般の中国人がやってきて住むことになる。

要するに、中共に攻撃を継続させるような抵抗や反撃を日本は完全に放棄し、進んで中国の植民地となれというのが橋下論法の行き着く先である。当然ながら、抑止力はゼロになる。

一体フジテレビは、このような人物をレギュラー・コメンテーターとして使うことを恥とは思わないのだろうか。

常にゲストと論争になるから、一方的に先制降伏論を流す結果にはならないと言い訳するのかも知れない。しかし橋下氏の論が余りに低レベルなため、知的に意味のある議論にはなり得ない。

アメリカに対する無知

付け加えれば、橋下氏はアメリカを全く理解していない。いまでこそ同盟国だが、日本が中国に「先制降伏」した途端、アメリカは「最凶の敵」に豹変する。

東アジアにおいて戦略的に最重要の日本列島が、中国軍の基地およびハイテク拠点として使われるのを黙って見ているほどアメリカはお人よしではない。在日米軍は、横須賀《よこすか》の巨大ドックをはじめとする日本の軍事施設、重要インフラを破壊しながら撤退するだろう。

戦わずに手を挙げれば平穏無事に暮らせるどころか、占領中国軍による暴虐と、アメリカによる仮借《かしやく》ない攻撃の両方に晒《さら》されることになる。歴史はそうした事例に満ちている。

結局、橋下氏の論はすべてにわたって余りに軽薄かつ無知、が結論になりそうだ。

なお、かつて防衛庁長官時代の石破茂首相が、北朝鮮の反発を買い、ミサイル攻撃が懸念されるから、MD（ミサイル防衛網）が完成するまで対北経済制裁は考えるべきではないと公言したことがある。北としては、ミサイル発射を仄《ほの》めかしさえすれば制裁発動を阻止できることになる。国防を預かる者として論外の発言であった。

また、極超音速で変則軌道を取る核ミサイルは迎撃できない。通常ミサイルでも飽和《ほうわ》攻撃されれば、すべての迎撃は不可能である。要するに完璧なミサイル防衛網など、予見しうる将来、どこの国であれ構築しえない。

橋下氏といい石破氏といい、無責任なコメンテーターと許されざる政治家たちは発想が似通うようだ（ちなみに私は、迎撃不可能という前提のもと、日本も独自の核抑止力を持つべきだと主張している。詳細は拙著『腹黒い世界の常識』第二章参照）。

あとがき

長年、国際政治とりわけ日米関係の研究者として、また北朝鮮による拉致《らち》被害者を「救う会」の副会長として、あるいはシンクタンク国家基本問題研究所（櫻井よしこ理事長）の企画委員として、様々な形で現実政治とかかわってきた。しかし政治家になろうと思ったことは一度もない。

ところが二〇二四年十月、「安倍後」の政界の目を覆《おお》う堕落、混迷への怒りから新たに設立された日本保守党の百田尚樹代表、有本香事務総長から、衆院選比例近畿ブロックの単独一位を用意するから受けてくれと言われ、「無謀にも」立候補して当選、思いがけず国会議員の立場で成果を求められる身となった。

国会には法案作りの機微《きび》や予算をめぐる駆け引きに通じた、あるいは行政経験豊かな議員は少なからずいるが、ことアメリカ政治の分析および拉致を含む北朝鮮問題に関しては、私の右に出る者はいないと自負している。これまで相当研究を積み、一流の専門家や渦中の当事者たちと意見交換を重ねてきたからだ。

総選挙後の特別国会で初登院した日、早速、拉致問題に関する質問主意書を衆議院議長宛《あ》てに提出した。民間人なら、いくら政府の姿勢を厳しく問い質《ただ》しても無視されて終わりだが、国会議員が正規の手続きを経た質問には政府は回答する義務がある。

本書で取り上げた様々な問題点についても、今後、この「議員特権」を生かして、具体的かつ継続的に政府に回答および対応を迫っていくつもりである。その意味で、本書は決して現実から遊離した「有閑《ゆうかん》学者の作文」に留まるものではない。

日本保守党が国政政党（議席五以上ないし直近の選挙で得票率二％以上）の要件を満たした総選挙の直後、アメリカ大統領選で共和党のトランプ氏が勝利を収めた。上院、下院も共和党が多数を占め、いわゆる「トリプル・レッド」の状況となった（レッドは米マスコミが共和党を表す色）。

トランプ氏は当選時点で七十八歳。二〇二六年の中間選挙時には八十歳となる。人間八十を超えると、心身ともに突如衰弱に襲われかねない。中間選挙で野党民主党が多数を奪い返すと政権運営も難しくなる。

米大統領は憲法の規定で通算二期までしかできないので、トランプ氏に「次」はない。

以上のことから、二〇二五年一月二十日の政権発足初日から猛ダッシュし、最初の二年間に勝負をかけるだろう。腰の引けた状態でうかうかしていると日本は容赦なく蹴り飛ばされ、踏み潰《つぶ》されて終わる。日本政治、日本外交にとっても正念場の二年間と言える。本書はこうした強い危機感のもとでまとめた。許されざる者たちに決して安眠を許してはならない。

最後に、本書の出版に当たっては、前著『腹黒い世界の常識』に続き、『月刊Hanada』の花田紀凱編集長、沼尻裕兵副編集長に大変お世話になった。記して謝意を表したい。

二〇二四年十二月

島田洋一

島田 洋一（しまだ・よういち）

1957年、大阪府生まれ。京都大学大学院法学研究科政治学専攻博士課程修了後、京大法学部助手、文部省教科書調査官を経て、2003年、福井県立大学教授。23年より名誉教授。2024年10月の第50回衆議院議員総選挙において日本保守党から出馬し当選。同党政調会長、拉致問題対策本部長を務める。著書に『腹黒い世界の常識』（飛鳥新社）など。

許《ゆる》されざる者《もの》たち

Hanada 新書 005

2024年12月31日　第 1 刷発行

著　　者　島田洋一
発 行 者　花田紀凱
発 行 所　株式会社 飛鳥新社
〒101-0003
東京都千代田区一ツ橋2-4-3 光文恒産ビル 2F
電話　03-3263-7770（営業）　03-3263-5726（編集）
https://www.asukashinsha.co.jp
装　　幀　ヒサトグラフィックス
印刷・製本　中央精版印刷株式会社

ISBN 978-4-86801-055-5

編 集 担 当　沼尻裕兵